中国道路运输发展报告

National Report on Road Transport Development

（2015）

中 华 人 民 共 和 国 交 通 运 输 部　编

人民交通出版社股份有限公司
China Communications Press Co.,Ltd.

内 容 提 要

本报告立足于中国交通运输发展新常态，全面、客观反映了2015年度中国道路运输发展状况，记录了行业发展轨迹，盘点了行业发展重大事项，展示了行业发展成就。报告从行业发展概览、各子行业发展状况及年度关注热点三个视角进行阐述，分为三篇，共十三章，内容涵盖了旅客运输、货物运输、机动车维修、机动车驾驶员培训、国际道路运输等道路运输业务领域，还包含了综合运输服务、道路运输安全、客货运改革与转型发展、绿色低碳运输、“互联网+”运输服务、国际道路运输合作交流等本年度行业重点领域的发展情况。本报告既可以为道路运输相关政策制定和行业管理决策服务，也可为企业发展、工程技术等相关研究提供参考，是社会各方面了解中国道路运输行业状况的权威读物。

Abstract

This report comprehensively illustrates the state of development of China's road transport in 2015 under the circumstances of new normal economy, which objectively shows the developmental level and achievements of the industry. Specifically, this report consists of overall 13 chapters in 3 parts, which covers not only the road transport business sections of passenger transport, freight transport, vehicle maintenance and repair, drivers training and international road transport but also the annual hot topics in intergrated transport services, road transport safety, road transport reformation, green low-carbon transport, internet + transport services and cooperation of international road transport services. This report could support and assist the road transport policy-making process and the administration for the industry. It could also be the references for research & study and the enterprises development. It is highly recommended that this report could be the authoritative guide of the state of China's road transport.

图书在版编目(CIP)数据

中国道路运输发展报告 . 2015 / 中华人民共和国交通运输部编 . —北京：人民交通出版社股份有限公司，2016.6

ISBN 978-7-114-13160-8

Ⅰ. ①中…　Ⅱ. ①中…　Ⅲ. ①公路运输发展—调查报告—中国— 2015　Ⅳ. ① F542.3

中国版本图书馆 CIP 数据核字 (2016) 第 144387 号

书　　名：中国道路运输发展报告（2015）
著 作 者：中华人民共和国交通运输部
责任编辑：杨丽改　董　倩　钟　伟
出版发行：人民交通出版社股份有限公司
地　　址：(100011) 北京市朝阳区安定门外外馆斜街 3 号
网　　址：http://www.ccpress.com.cn
销售电话：(010)59757973
总 经 销：人民交通出版社股份有限公司发行部
经　　销：各地新华书店
印　　刷：中国电影出版社印刷厂
开　　本：880 × 1230　1/16
印　　张：9.5
字　　数：267 千
版　　次：2016 年 6 月　第 1 版
印　　次：2016 年 6 月　第 1 次印刷
书　　号：ISBN 978-7-114-13160-8
定　　价：100.00 元
（有印刷、装订质量问题的图书由本公司负责调换）

编委会

编写领导小组

编委会

编　写　组

编写说明

本报告由交通运输部运输服务司、交通运输部规划研究院编写完成。交通运输部规划研究院物流所（运输决策支持中心）承担具体的编写及组织工作。

各章主要撰稿人如下：第一章，谭小平、高美真；第二章，高美真、康继民；第三章，杜江涛、李弢、熊焰；第四章，张洋、邵静静；第五章，林坦、杜江涛；第六章，史言、王望雄；第七章，熊焰、甘家华；第八章，李云汉、魏永存、孔文涛；第九章，张洋、梁仁鸿；第十章，张弛、李弢；第十一章，张洋、魏永存；第十二章，李云汉、康继民；第十三章，高美真、谢世安；附录，高美真、邵静静。全书统稿由高美真完成；文中数据校核由宋肖红、仵思燃、潘伟、谢世安、张子晗、余博文完成；插图由各章节负责人提供。

交通运输部运输服务司许宝利、余兴源、曾嘉、冯立光、同保、李良华、刘明君、李旭辉、张强、曹磊、饶南志、田桂飞、范敏、唐威等，参与了本报告的审稿工作，并提出了修改意见和建议。

本报告所使用的案例素材均来自交通运输部运输服务司、交通运输部综合规划司、交通运输部规划研究院、中国道路运输协会及地方交通运输主管部门。

除特别注明外，本报告所使用的统计数据分别来源于《2010—2015年全国交通统计资料汇编》以及国家统计局、交通运输部综合规划司、交通运输部运输服务司、交通运输部科学研究院等机构发布的统计资料。

本报告中有关道路运输政策的内容，是对部分现行法律、法规和政策的综述和解读，可以作为了解中国道路运输发展政策的线索。读者必要时应查阅使用相关正式文件。

涉及城市汽电车、出租汽车、轨道交通运营的相关内容，详见交通运输部另行发布的《中国城市客运发展报告（2015）》。

主要指标解释及说明

一、公路里程

指报告期末公路的实际长度。按已竣工验收或交付使用的实际里程计算，不含在建和未正式投入使用的公路里程。

二、道路运输经营业户

道路运输经营业户按道路运输经营许可证中核定的经营范围进行分类统计汇总。

三、道路营运车辆

道路营运车辆根据各省道路运输管理机构登记的营运车辆资料整理，由各省（自治区、直辖市）交通运输厅（局、委）提供。

四、道路运输量和周转量

道路运输量是通过抽样调查的方法，按运输工具经营权和到达量进行统计，范围包括在我国注册从事道路客货运输的全部企业和个人。道路运输量和周转量不包含城市公共汽电车和出租汽车在公路上的运量。

五、全国民用车辆拥有量

指报告期末，在公安交通管理部门按照《机动车注册登记工作规范》，已注册登记领有民用车辆牌照的全部汽车数量。

六、国际道路运输量

国际道路运输量是由中、外双方国际道路运输经营者通过我国边境口岸完成的旅客、货物运输量。

七、数据

报告中部分数据合计数或相对数由于单位取舍不同而产生的计算误差，未做机械调整。

目　录

综　合　篇

行　业　篇

目　录

目 录

CONTENTS

GENERAL INTRODUCTION

ROAD TRANSPORT SECTOR

CONTENTS

SPECIFIC TOPICS

CONTENTS

综合篇

GENERAL INTRODUCTION

第一章　道路运输业发展环境

2015年，国家积极适应经济新常态的形势要求，坚持稳增长、调结构、惠民生、防风险，深入推进结构性改革，努力促进经济保持中高速增长、迈向中高端水平，转型升级步伐加快，改革开放不断深化，民生事业持续进步，经济社会发展迈上新台阶，道路运输业服务经济社会发展的外部环境不断改善。

第一节　经济环境

2015年，我国经济发展保持稳定增长态势，结构调整稳步推进，协调发展成效明显；国家实施积极的财政政策，结构性减税力度加大，民生等重点支出得到有力保障，全国公共财政收入152217亿元，同比增长5.8%；坚持民生优先，公共服务供给不断扩大，脱贫攻坚工程深入推进，收入差距不断缩小，社会保障安全网不断完善，民生事业持续改善；实施稳健的货币政策取得较好效果，货币信贷平稳适度增长，交通运输等重点领域支持力度不断扩大，全年新增人民币贷款11.7万亿元，同比增加1.9万亿元。

一、宏观经济走势的影响

2015年，国家面对世界经济复苏曲折、缓慢，国内趋势性、阶段性、周期性矛盾相互叠加、经济下行压力增大的复杂形势，国家攻坚克难，开拓进取，经济社会发展稳中有进，稳中有好，改革开放和社会主义现代化建设取得新的重大成就。2015年，我国国内生产总值676708亿元，按可比价格计算，同比增长6.9%，增速与上年相比有所减缓，但仍保持平稳良性发展趋势。国民经济的持续稳定增长，是全社会人员流动和货物运输发展的需求动力。2015年全国营业性车辆完成道路客运量、旅客周转量、道路货运量、货物周转量分别达161.9亿人次、10742.7亿人公里、315.0亿吨、57955.7亿吨公里。道路运输完成的旅客运输量和货物运输量分别占全社会运输量的83.3%和75.5%，继续发挥支持与保障国民经济和社会发展的基础和支撑作用。

二、经济发展阶段的影响

2015年，经济运行总体平稳，表现为经济保持平稳较快增长速度，就业稳定，物价平稳。国内生产总值增长平稳，规模以上工业增加值、社会消费品零售总额、外贸进出口、货运量等主要经济指标增长稳定。结构调整稳步推进，创新协调绿色发展成效明显，消费对增长的拉动作用进一步增强。2015年经济发展阶段性特征主要有：

居民收入增长快于经济增长。全年全国居民人均可支配收入21966元，比上年增长8.9%，扣除价格因素，实际增长7.4%，快于国内生产总值增速0.5个百分点。其中，农村居民人均可支配收入11422元，比上年实际增长7.5%；城镇居民人均可支配收入31195元，实际增长6.6%。

物价和就业保持平稳。居民消费价格总水平涨幅最低是1月份的0.8%，最高是8月份的2.0%，2015年全年CPI指数在1.4%，各月度价格指数波动不大。总体来看，经济发展稳定增长态势没有改变，继续处在合理区间，同时稳住了就业和物价。2015年城镇新增就业1312万人，超过预计目标。

消费对增长的拉动作用进一步增强。国家立足于扩大内需这一战略基点，出台了一系列促进消费、稳定投资的政策措施，充分发挥投资消费对经济增长的拉动作用。2015 年全国固定资产投资（不含农户）551590 亿元，同比增长 10.0%，社会消费品零售总额 300931 亿元，同比增长 10.7%，均保持了较高的增幅。内需的结构进一步优化，最终消费对经济增长的贡献率达到 66.4%，成为经济增长的第一驱动力。2015 年中国成功实现经济增长由投资和外贸拉动为主向由内需特别是消费为主的重大转型。

对外贸易和投资优化升级，“一带一路”建设成效显著。国家不断完善对外开放战略布局，促进对外贸易优化升级，推动外贸从“大进大出”向“优进优出”转变；着力构建对外开放新体制，加快自贸区建设，积极推进“一带一路”战略实施，加强国际产能合作，推动“引进来”和“走出去”更好结合，开放型经济水平进一步提高。全年货物进出口总额达到 24.6 万亿元，继续位居世界第一，占世界贸易总额的比例进一步提高。尽管出口有所下降，但降幅小于世界出口降幅，出口总额占世界出口总额比例继续提高。

结构调整稳步推进，协调发展成效明显。国家坚定不移地调结构、转方式，既坚定淘汰落后产能和化解过剩产能，又加大对符合结构调整和转型升级方向重点领域的支持力度，经济结构加速优化、更趋协调。产业结构更趋优化，服务业比重继续提升。中国经济由工业主导向服务业主导加快转变，2015 年服务业产值占国内生产总值比例达到 50.5%，首次突破 50%，同比提高 2.4 个百分点，第三产业增加值增长 8.3%，快于第二产业的 6.0%，也快于第一产业的 3.9%。区域发展的协调性继续增强，中西部和东北地区的主要经济指标均高于全国平均水平，东部地区结构调整和转型升级步伐加快。中西部地区主要指标增速快于东部。全年中、西部地区规模以上工业增加值增速分别快于东部地区 0.9 和 1.1 个百分点；中部地区全社会固定资产投资增速快于东部地区 2.8 个百分点。

创新创业投入力度不断加大，经济发展新动能加快成长。全年研究与试验发展（R&D）经费支出 14220 亿元，比上年增长 9.2%，相当于国内生产总值的 2.1%。以移动互联网为主要内容的新产业、新技术、新业态、新模式、新产品不断涌现，中国经济向中高端迈进的势头明显。工业中的高技术产业，比上年增长 10.2%，所占比例提高到 11.8%，占比提高 1.2 个百分点；装备制造业比上年增长 6.8%，比例提高 1.4 个百分点，成为工业发展新动力；与互联网和电子商务有关的新兴业态快速发展，2015 年全国网上零售额同比增长 33.3%，全年完成快递业务量 206.7 亿件，增长 48.1%。

三、铁路、民航等运输方式的发展

铁路：截至 2015 年年底，全国铁路营运里程达到 12.1 万公里，同比增长 8.0%。其中高铁运营里程超过 1.9 万公里，居世界第一位。全国铁路固定资产投资完成 8238 亿元，投产新线 9531 公里，新增高速铁路 3306 公里。新开通高铁线路 34 处，合肥至福州、成都至重庆、沈阳至丹东、哈尔滨至齐齐哈尔、京津城际铁路延伸线、沪昆高铁贵州段、南宁至百色段等实现通车运营，以高速铁路为主骨架的快速铁路网基本建成，中西部城市覆盖率进一步提高。2015 年，全国铁路列车运行图调整后，安排开行旅客列车 2844.5 对，其中动车组列车 1696 对，较原有运行图增加 97 对，客运能力进一步提升。2015 年，全国铁路旅客发送量完成 25.4 亿人次，比上年增加 2.3 亿人次，增长 10.0%。全国铁路旅客周转量完成 11960.6 亿人公里，比上年增加 718.8 亿人公里，增长 6.4%。

全国铁路货运总发送量完成 33.6 亿吨，比上年减少 4.6 亿吨，下降 11.9%。受到经济总体增速减缓和结构调整等诸多因素的影响，铁路货运量有所下降，自 2012 年起，铁路连续三年货运量徘徊在 39 亿吨，2015 年则有较明显下降。占全社会货运量的比例从 2010 年的 11.4% 降到 2015 年的 8.1%。2015 年，铁路部门深入推进货运市场化改革，大力实施特色货物物流攻关和货运营销区域联动，重点加强零散货物快运和批量快运组织。2015 年，全国零散货物运量同比增长 18.7%，集装箱发送量同比增长 20.2%。为服务国家“一带一路”战略，进一步提升铁路货运的运行品质和服务质量，铁路系统优化了中欧班列、中亚班列的运输组织，开行了中欧班列 21 列、中亚班列 17 列。

总体而言，2015 年，铁路加快深入改革，铁路客运与货运服务都有较明显提升。货运品质和多样性加强，铁路客运加大高铁动卧“夕发朝至”列车开行力度，并积极实施“变更到站”、联网补票、延长互联网购票时间、车上联网升座等措施，铁路客货运服务产品更加丰富。

民航：2015 年，我国民航主要运输指标继续保持平稳较快增长。民航运输完成旅客运输量 43618 万人次，比上年增长 11.3%。完成总周转量 851.7 亿吨公里，比上年增长 13.8%，其中旅客周转量 7282.6 万人公里，比上年增长 15.0%。全国民航运输机场完成的旅客吞吐量为 91477.3 万人次，比上年增长 10.0%。其中，国内航线完成 82895.5 万人次，比上年增长 9.0%；国际航线完成 8581.8 万人次，比上年增长 21.1%。2015 年，完成货邮吞吐量 1409.4 万吨，比上年增长 3.9%。其中，国内航线完成 918.0 万吨，比上年增长 3.7%；国际航线完成 491.4 万吨，比上年增长 4.4%。

2015 年航空运输市场需求旺盛，行业处于高景气期。截至 11 月，民航业利润达 547.6 亿元，同比增长 76%，创历史新高。2015 年 12 月 4 日，民航局出台《航班时刻资源市场配置改革试点方案》，宣布将在初级市场和次级市场同时推出航班时刻市场配置改革试点，进一步探索建立最佳航班时刻配置模式，优化航班时刻资源配置标准与配置程序，促进航班时刻配置的公平、效率和竞争。航空运输服务更加便民，2015 年“双 11”和“双 12”期间，各航空公司和机场通过采取优化运输组织方案、增加运力投入、与客户协调运输计划等措施，有效满足了网购高峰期物流需求。通过稳步推进“空铁通”、“空巴通”等联运产品，提供“零换乘”衔接服务以及优先值机、票价优惠等措施，航空运输产品吸引力不断增强。

高铁和民航的快速发展对道路客运市场产生了重要影响。由于高铁舒适快速的竞争优势，与高铁平行的道路干线中长途客运客流量呈下降趋势。航空客运增长迅速，中长途道路旅客运输转移明显。这也是运输市场的合理回归。道路运输企业面对新形势，充分发挥道路运输网络覆盖面大、门到门服务和机动灵活的比较优势，采取差异化竞争策略，提升服务水平与竞争力。同时，道路客运、高铁、民航服务协作更加密切，服务方式更趋多样，出行换乘更加便捷。

第二节　社会环境

2015 年国家在保障和改善民生方面取得新的成效。全国就业岗位稳定增加，2015 年城镇新增就业 1312 万人，全国农民工总量为 27747 万人，同比增长 1.3%。城乡居民收入水平继续提高，城镇居民人均可支配收入、农村居民人均纯收入达到 31195 元和 10772 元，同比分别增长 8.2% 和 8.9%。道路运输业在推动城镇化发展，消除城乡“二元”分割，推进新农村建设和服务农民工就业等方面都发挥了重要作用。

一、城镇化发展与城乡建设

2015 年全国城镇化率为 56.1%，同比增长 1.3 个百分点，全国城镇人口已达 7.7 亿。伴随着城镇化的快速发展，城市型生活方式正得到日益普及，城际间、城乡间和城市内运输“一体化”、“零换乘”水平不断提高，居民出行的需求保持旺盛水平，无论从道路货运量还是从全社会人均出行频次来看，都与城市化进程保持了同步发展态势。随着城市化进程的加快，全国道路客运平均运距已超过 60 公里，城乡居民的出行范围逐步扩展。

2015 年，新农村建设深入推进，新增 5000 多个建制村通公路，近 900 个乡镇和 8 万个建制村通了硬化路面公路。截至 2015 年底全国开通农村客运班线 9.7 万条，农村客运站总数达到 26.3 万个，新增农村等级客运站 733 个。客运班车通镇（乡）、村率分别达 99.01%、94.28%，分别比上年增长 0.06 和 0.96 个百分点，为保障农村居民安全、便捷出行提供了良好条件。

二、城乡人口就业

2015年，全国就业人员为77451万人，其中城镇居民就业人数为40410万人。道路运输业作为劳动密集型行业，吸纳、安置了大量城市待业居民和农村富余劳动力，对国家扩大就业的贡献显著。

随着经济社会的快速发展，道路运输规模不断扩大，道路运输从业人员队伍日益壮大。截至2015年年末，全国共有道路运输从业人员2942.2万人，较2014年增加0.9万人，占当年全国服务业就业总人口的1/10。道路运输行业为社会公众提供了更为广阔的择业、就业和创业机会。2014—2015年道路运输业就业人员总体分布见表1-1。

2014—2015道路运输业就业人员总体分布（单位：万人） **表1-1**

年份（年）	从业人员数合计	道路旅客运输	道路货物运输	站（场）经营从业人员	机动车维修经营从业人员	汽车综合性能检测站从业人员	机动车驾驶员培训从业人员	汽车租赁从业人员	其他相关业务经营从业人员
2014	2941.3	320.4	2152.2	44.3	296.5	4.8	91.1	4.3	27.8
2015	2942.2	338.7	2138.8	42.8	282.2	5.0	102.3	5.6	26.8

第三节 政策环境

在道路运输发展的内外部环境建设中，国家与行业的相关政策和标准，对行业的健康可持续发展起到了较好的规范、调控、引导和推动作用，为道路运输业的发展提供了良好的政策环境。

一、国家层面

2015年10月29日，中国共产党第十八届中央委员会第五次全体会议审议通过《国民经济和社会发展第十三个五年规划的建议》（以下简称“建议”），强调要以“创新、协调、绿色、开放、共享”的新理念推动发展。一系列新提法、新表述、新举措，透露出未来五年我国国民经济和社会发展的新信号，对指导国家“十三五”规划纲要编制、引领“十三五”时期经济社会发展具有十分重要的意义。

《建议》指出，用发展新空间培育发展新动力，用发展新动力开拓发展新空间。《建议》在“拓展基础设施建设空间”方面强调，加快完善铁路、公路、水运、民航、通用航空、管道、邮政等基础设施网络，加强城市公共交通、防洪防涝等设施建设，加快开放电力、电信、交通、石油、天然气、市政公用等自然垄断行业的竞争性业务。在“推动低碳循环发展”方面指出，推进交通运输低碳发展，实行公共交通优先，加强轨道交通建设，鼓励自行车等绿色出行。实施新能源汽车推广计划，提高电动车产业化水平。在“完善对外开放战略布局”方面强调，要加强内陆沿边地区口岸和基础设施建设，开辟跨境多式联运交通走廊。在强调推进“一带一路”建设方面指出，推进基础设施互联互通和国际大通道建设，共同建设国际经济合作走廊。

《建议》为交通运输行业研究“十三五”交通运输发展提供了总体思路，为交通运输行业部署未来一段时期的重点工作，更好适应、把握、引领经济发展新常态指明了方向；为继续大力推进“四个交通”建设，切实加强供给侧结构性改革，着力推动交通运输行业整体实力持续提升，加快推进交通强国建设提供了政策指引。

二、行业层面

国家相关部委相继修订和制定了一系列配套决定、措施、办法以及指导意见，为促进运输服务行业的健康发展提供了强有力保障。

1.《关于推进机动车驾驶人培训考试制度改革的意见》

2015 年 11 月 30 日，国务院办公厅转发公安部、交通运输部《关于推进机动车驾驶人培训考试制度改革的意见》（国办发〔2015〕88 号，以下简称“意见”），《意见》明确了 6 个方面、27 项主要任务，提出坚持以问题为导向、以改革为动力，促进驾驶培训市场开放竞争、驾驶考试公平公正、服务管理便捷高效，不断满足人民群众驾驶培训考试需求，不断提高驾驶培训考试质量，着力维护道路交通安全、文明、有序。

《意见》提出，推进驾驶人培训考试制度改革，要坚持安全第一、便民利民、开放竞争、公正廉洁的基本原则。2018 年，完成改革重点工作任务，基本建立开放有序、公平竞争、服务优质、管理规范的驾驶培训市场体系，基本建立公开透明、权责清晰、运转高效、公正廉洁的驾驶考试管理体制，基本解决培训考试中的不便利、不规范、不经济等问题。《意见》要求，县级以上地方各级人民政府要将驾驶人培训考试制度改革作为一项重要民生工程，制定具体实施方案，周密部署实施。各相关部门要按照职能分工，密切配合，制定配套政策。要稳步有序推进改革，加强跟踪评估和督查指导。

《意见》汇集了各方的建议和共识，是政府部门密切协同，并与社会良性互动、合力推动的成果，为机动车驾驶人培训制度改革指明了方向，有助于积极促进机动车驾驶人培训市场的健康发展、满足社会时代需求。

2.《关于修改〈机动车维修管理规定〉的决定》

2015 年 8 月 8 日，交通运输部公布了《交通运输部关于修改〈机动车维修管理规定〉的决定》（交通运输部令 2015 年第 17 号以下简称“规定”），《规定》在总结 10 年来我国汽车消费市场的快速增长和变革后，分别从机动车维修经营许可、维修经营、质量管理、监督检查以及法律责任等方面进行修改。《规定》强调机动车维修经营者应当依法经营，诚实信用，公平竞争，优质服务；机动车维修管理，应当公平、公正、公开和便民；强调任何单位和个人不得封锁或者垄断机动车维修市场；明确了各级机动车维修归口管理机构。

《规定》指出，机动车维修托修方有权自主选择维修经营者进行维修，托修方、维修经营者可以使用同质配件维修机动车；机动车生产厂家在新车型投放市场后六个月内，有义务向社会公布其维修技术信息和工时定额，有利于进一步破除汽车行业垄断。

《决定》从保修承诺、合法经营、技术放开、配件采购、收费标准、维修记录、质量管理等各方面加强政策指导。有利于规范机动车维修经营活动，维护机动车维修市场秩序，保护机动车维修各方当事人的合法权益，保障机动车运行安全，保护环境，节约能源，促进机动车维修业的健康发展。

3.《关于修改〈快递业务经营许可管理办法〉的决定》

2015 年 6 月 24 日，交通运输部公布《关于修改〈快递业务经营许可管理办法〉的决定》（交通运输部令 2015 年第 15 号，以下简称“决定”）。《决定》明确了快递业务经营许可的管理工作的负责机构，强调“快递业务经营许可管理，应当遵循公开、公平、公正以及便利高效的原则”，进一步规范了快递业务经营许可的申请、审批和监督管理。为规范快递业务经营许可管理，促进快递行业健康发展提供了强有力的保障。

《规定》细化了申请“在省、自治区、直辖市范围内经营快递业务”、“跨省、自治区、直辖市经营快递业务”以及“经营国际快递业务”的许可条件；进一步明确不同范围内经营快递业务的申请许可条件，强化快递经营准入机制；通过明确审批机构、申请材料、申请材料审查核实、备案登记等业务，进一步规范了快递业务经营许可的审批程序；通过明确《快递业务经营许可证》的颁发、变更、注销等管理办法，加强了许可证的管理。

4.《 邮政普遍服务监督管理办法》

2015 年 10 月 14 日，交通运输部颁布了《邮政普遍服务监督管理办法》(交通运输部令 2015 年第 19 号，以下简称“办法”)。《办法》全面扩充了对普遍服务的监管内容，提升了监管要求。同时，更加强调创新服务手段，更加注重提升邮政网络使用效率，以更好满足社会多重用邮需求。

《办法》第一次明确了邮政普遍服务的定义、范围和承担主体。规定了业务范围、服务标准、服务形式及要求、通邮登记等内容。《办法》明确了政府部门、企业、第三方主体等在普遍服务保障方面的义务性要求，从保障普遍服务、深化改革的角度进一步细化了对邮政企业的要求，要求其要创新服务手段、增强服务能力、提高服务水平。明确提出支持邮政企业发挥邮政网络公共服务作用，提升邮政网络资源使用效率，满足社会多重用邮需求。并从邮政普遍服务评价体系、撤销局所和停限办业务审批、备案管理等方面明确了邮政管理部门监督管理方式和措施。便于邮政管理部门及时了解有关情况，有效履行监管职责。

《办法》的一系列举措，是我国邮政法律体系建设的重要成果，有利于推进基本公共服务均等化、切实转变政府职能；有利于保障邮政普遍服务，加强对邮政普遍服务的监督管理，保护用户和邮政企业合法权益；有利于促进邮政普遍服务健康发展。

5.《汽车维修技术信息公开实施管理办法》

为深入贯彻党的十八大和十八届三中全会精神、《大气污染防治法》规定、《国务院关于促进市场公平竞争 维护市场正常秩序的若干意见》的有关要求，交通运输部会同环境保护部等七个部门，于 2015 年 9 月 14 日，联合印发了《汽车维修技术信息公开实施管理办法》(以下简称“管理办法”)。《管理办法》的出台，将打破长期以来汽车生产企业对维修技术信息和维修配件实行“授权”经营的模式，推动维修市场的公平竞争，保障广大车主的切身利益。

《管理办法》明确了汽车生产者应采用网上信息公开方式，公开所销售汽车车型的维修技术信息；明确了信息公开原则，指出信息公开应当遵循公平公正、诚实守信、自主公开、方便用户、保护知识产权的原则；明确了信息公开要求，规定汽车生产者是信息公开的主体，要制定本企业维修技术信息公开工作规范，明确责任部门；准确界定了公开信息的内容范围，从安全、环保角度，要求汽车生产商要公开车辆识别代号 VIN 编码规则、汽车维修手册、零部件目录等十二项信息内容，以保障车辆维修后安全、排放性能达标；规定了相关方的权利和义务，对未公开或未有效公开维修技术信息的，将会同有关部门依法予以处罚。

总之，建立实施汽车维修技术信息公开制度，是贯彻落实国家法律法规、国务院有关政策要求的重要举措，是在我国进入汽车社会新形势下深化汽车维修行业改革、促进汽车维修市场公平竞争、推动汽车维修技术进步、保护消费者合法权益的重要措施，对于保障全社会汽车维修质量、改善道路交通安全、促进大气污染防治具有重要作用，也有利于我国汽车维修业市场监管与国际接轨。

6.《关于协同推进农村物流健康发展加快服务农业现代化的若干意见》

为深入贯彻《中共中央国务院关于加大改革创新力度加快农业现代化建设的若干意见》(中发〔2015〕1 号）有关创新农产品流通方式的总体要求，加快落实《物流业发展中长期规划》，全面提升我国农村物流发展水平，支撑农业现代化发展，2015 年 2 月 16 日 ，交通运输部等联合印发了《交通运输部 农业部 供销合作总社 国家邮政局关于协同推进农村物流健康发展 加快服务农业现代化的若干意见》(以下简称“加快服务农业现代化意见”)，依托各部门和行业在农村物流发展中的已有基础和优势，加强资源整合共享与合作开发，构建“场站共享、服务同网、货源集中、信息互通”的农村物流发展新格局。

《加快服务农业现代化意见》提出，各地要优化物流运输组织，推广农村电子商务，推广应用先进的农村物流运作模式；推广先进适用的农村物流装备，加快农村物流各级信息平台建设等具体举措，从根本上提升农村物流的专业化与信息化水平；努力推进农村物流诚信体系建设，推进跨部门、跨行业诚信系统的有效对接和信息共享；以政府为引导，多措并举，综合施策，积极争取地方人民政府支持，统筹农村物流发展，打通链条的薄弱环节；以市场为主导，充分发挥企业的主体作用，为农村物流发展营造良好的发展环境；支持邮政和快递企业将业务延伸至农村地区，打通农村物流“下乡与进城”的双向快捷通道。

《加快服务农业现代化意见》的出台，有利于促进农村物流健康发展，有利于提升城乡居民生活水平，有利于降低全社会物流成本。

7.《关于加快发展农村电子商务的意见》

为贯彻落实2015年中央1号文件、《国务院关于大力发展电子商务加快培育经济新动力的意见》精神，进一步推动农村电子商务发展，交通运输部等19部门于2015年8月31日联合印发《关于加快发展农村电子商务的意见》(以下简称“电子商务意见”》)。

《电子商务意见》针对目前农村电子商务发展中存在的问题，从培育多元化电子商务市场主体、加强农村电商基础设施建设、营造农村电子商务发展环境等方面提出了多项举措。《电子商务意见》明确提出“支持电商、物流、商贸、金融、邮政、快递等各类社会资本加强合作”，争取到2020年，在全国培育一批具有典型带动作用的农村电子商务示范县。《电子商务意见》要求，充分发挥市场在资源配置中的决定性作用，加强农村基础设施建设，完善政策环境，深化农村流通体制改革，创新农村商业模式，培育和壮大农村电子商务主体，发展线上线下融合、覆盖全程、综合配套、安全高效、便捷实惠的现代农村商品流通和服务网络。

《电子商务意见》出台和实施，将加强部门间的协作和配合，能更好地发挥农村电子商务的引领作用，有利于提高农民收入，释放农村消费潜力，对于进一步深化农村改革、统筹城乡发展、改善民生、推进农业现代化具有重要意义。

第二章　道路运输业发展概述

2015 年，道路运输行业紧紧围绕“四个全面”战略布局，扎实做好“稳增长、促改革、调结构、惠民生、防风险”各项工作，主动适应经济发展新常态，大力推进“四个交通”建设，创新运输服务手段，优化运输服务结构，着力提升运输服务能力和水平，为推动综合交通运输体系深度融合，支撑经济持续健康发展和社会和谐稳定提供了有力保障。

第一节　服务保障能力持续提升

一、道路客货运量出现适应性变化

2015 年，全国道路货运量、货物周转量、客运量、旅客周转量分别完成 315.0 亿吨、57955.7 亿吨公里、161.9 亿人次、10742.7 亿人公里。

道路客货运量与周转量相比 2014 年呈现客减货增的不同局面。道路客运量、旅客周转量比 2014 年分别减少 6.7% 和 2.3%，道路货运量与周转量分别增加 1.2% 和 2.0%。受全国经济增长速度变缓和经济结构优化等因素影响，客货运量增速比 2014 年有所下降，总体而言与国民经济增长速度相符合，仍为经济社会发展提供了有力支撑。2015 年，道路货运量和货物周转量在综合运输体系中所占比例分别为 75.5% 和 32.7%[1]（图 2-1），道路客运量、旅客周转量在综合运输体系中所占比例分别为 83.3% 和 35.8%（图 2-2），道路运输继续在综合交通运输体系中发挥着基础与主体作用。

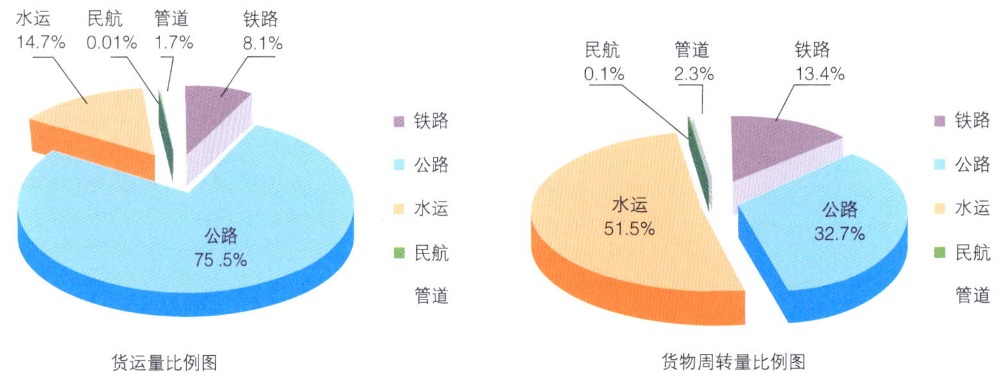

图 2-1　2015 年道路运输完成货运量和货物周转量在综合运输体系中占比

[1] 根据《2015 年国民经济和社会发展统计公报》数据计算。

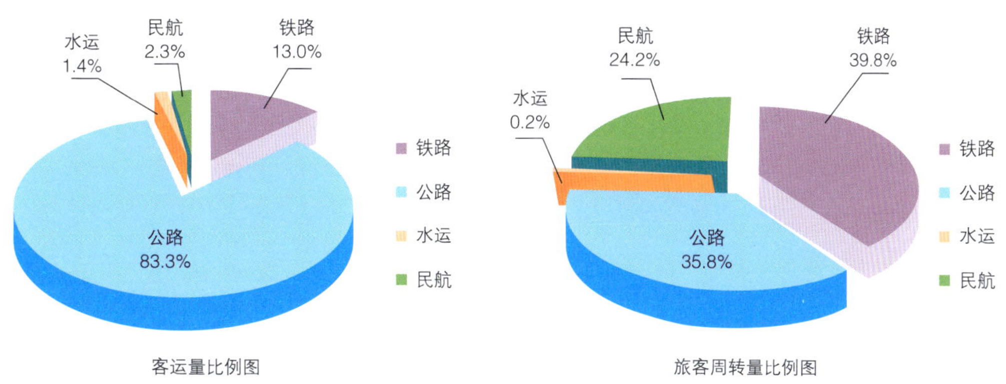

图 2-2 2015 年道路运输完成客运量和旅客周转量在综合运输体系中占比

二、运力结构继续优化

2015 年，全国营运客车车辆数及客位数总体保持平稳，与此同时，个体运输户的客运车辆进一步减少，安装了卫星定位装置和安全监控设备的车数量明显增加。全国营运客车车辆数为 83.9 万辆，车辆客位数 2148.6 万个，同比减少 0.8% 和 1.9%，平均客位数 25.6 客位 / 辆，同比变化不大。全国营运货车数量有所减少，货运吨位数有所增加，专用车辆数量比重增加。2015 年，全国营运货车达 1389.2 万辆，吨位总计达 10366.5 万吨，同比减少 4.4% 和增长 0.7%。2015 年全国载货汽车车辆平均吨位 7.5 吨，同比提升了 5.6%。专用货车的数量和比例有较明显增加，2015 年全国共有道路专用货车 48.4 万辆。

2011—2015 年全国营运客车及其客位数、货车及其吨位数变化情况见表 2-1。

2011—2015 年全国营运客车及其客位数、货车及其吨位数变化情况　　表 2-1

指标 \ 年份（年）	2011	2012	2013	2014	2015
营运客车（万辆）	84.3	86.7	85.3	84.6	83.9
客位数（万客位）	2086.7	2166.6	2170.3	2189.5	2148.6
营运货车（万辆）	1179.4	1253.2	1419.5	1453.4	1389.2
吨位数（万吨）	7261.2	8062.1	9613.9	10292.5	10366.5

三、运输辅助业加快转型升级

2015 年，维修与检测、驾驶员培训及汽车租赁行业围绕提升服务质量继续深化改革，创新型服务模式不断涌现，行业治理水平继续提升，百姓便利化水平和市场满意度不断提高。

2015 年，机动车维修量为 34400.1 万辆次，较上一年减少 1.1%。全国机动车维修经营业户 45.9 万户，汽车综合性能检测站 2524 个，完成检测总量 3267 万辆次。与此同时，我国的机动车维修行业的集中发展趋势更加明显。三类汽车维修业户占维修业务总量的66.6%，比2014年增长了0.3个百分点，仍然是我国机动车维修业的主体。交通运输部会同环保部等八部委联合发布《汽车维修技术信息公开实施管理办法》(交运发〔2015〕146号)，标志着我国汽车维修技术信息公开制度正式建立，并进入实施阶段。交通运输部颁布了《交通运输部关于修改〈机动车维修管理规定〉的决定》(交通运输部令2015年第17号)，对《机动车维修管理规定》(交通部令2005年第7号)做出了修改，新规定自2015年8月8日起施行。

2015年全国共计完成机动车驾驶员培训2624.9万人次，同比增加124.2万人，增幅为5.0%，完成经营性道路运输从业资格培训261.2万人次，同比增加8.7万人。2015年，机动车驾驶员培训行业规模化经营继续深入推进，全国机动车驾驶员培训机构户均拥有教学车辆为45辆，比2014年增加了1.4辆，同比增长了3.2%，其中有15个省(自治区、直辖市)户均拥有的教学车辆数超过全国平均水平。

2015年，我国的汽车租赁行业发展迅猛，无论是汽车租赁业户还是租赁车辆均呈现快速增长势头，汽车共享租赁、网络约租车等新模式不断涌现。与此同时，行业主管部门也在不断深入研究互联网与汽车租赁发展模式的融合创新，不断提高对新兴领域的管理水平。

四、保障能力稳步提升

春运旅客运输服务优质。2015年春运期间，全国道路运输行业运送旅客24.95亿人次，同比增长3.0%。春运期间，全国路网运行情况总体平稳，部分路段因天气原因出现短时交通封闭或管制，未发生大面积、长时间交通拥堵。交通运输部联合公安部、安监总局、全国总工会开展了春运“情满旅途”活动，保障了公共服务质量，服务水平和社会满意度明显提升。行业安全稳定形势良好，春运期间全国各级道路运输管理部门严格加强安全监管，有效保障安全出行，总体上安全事故发生次数和死亡人数处于低位。同时，交通运输主管部门还重点关注互联网等新技术在春运中的服务功能应用，大力推进网上购票和出行信息服务，加强不同运输方式统筹协调，更好满足了人民群众出行新需求、新期待，圆满完成了春运组织保障任务。

重点时段运输保障有力。2015年“十一”黄金周期间，交通运输部门重点从科学组织运力、强化综合交通运输服务方便旅客接驳换乘和加强安全监管等三个方面保障了旅客出行的舒适、高效、安全。

第二节 基础设施条件持续改善

一、公路里程平稳增加

2015年全国公路总里程达457.7万公里，同比增加11.3万公里，增长率为2.5%。全国公路密度为47.7公里/百平方公里，同比提高1.2公里/百平方公里。

二、路网结构持续优化

2015年全国公路里程中等级公路里程达404.6万公里，同比增加14.6万公里。等级公路占公路总里程的88.4%，提高1.0个百分点；二级及以上公路占公路总里程的12.6%，提高0.3个百分点。

在全部公路中，高速公路12.4万公里，一级公路9.1万公里，二级公路36.0万公里，三级公路41.8万公里，四级公路305.3万公里，等外公路53.1万公里，同比分别增长10.7%、7.1%、3.4%、1.5%、3.8%和减少5.7%，高速公路和一级公路里程增幅最大，等外公路有所减少。

三、站场建设呈现分化

客运站数量稳步增加。2015 年，全国客运站总数达 33.6 万个，同比增长 3.1%；等级客运站 20752 个，同比增加 181 个，增幅为 0.9 %；其中，一级客运站 847 个，同比增加 6.8%。货运站数量有所下降。全国共有等级货运站 2928 个，其中一级货运站 252 个、二级货运站 260 个。2011—2015 年全国客货运站场建设情况见表 2-2。

2011—2015 年全国客货运站场建设情况（单位：个）　　表 2-2

年份（年）	客运站					货运站				
	总数	一级	二级	三级	四级	总数	一级	二级	三级	四级
2011	10193	672	2102	2140	5279	3300	263	300	864	1873
2012	10242	706	2065	2078	5393	3598	268	305	813	2212
2013	10292	751	2058	2001	5482	3179	259	270	765	1885
2014	10506	793	1971	2001	5741	3124	257	270	563	2034
2015	10502	847	1952	1965	5738	2928	252	260	523	1893

第三节　行业改革与结构调整步伐加快

一、行业改革增加市场活力

各级运输管理部门以创新、转型、服务等为重点，不断深化改革，加强信息化应用，引导运输行业提升服务品质，取得了显著成效。

2015 年 11 月，国务院办公厅以国办发〔2015〕88 号文件形式转发公安部、交通运输部《关于推进机动车驾驶人培训考试制度改革的意见》。该意见根据国务院深化简政放权的改革要求，对驾考报名、驾校教学、驾照补办等流程均做了重大修改，强调增加学员自主权，提出推行计时收费、先培训后付费等多项改革措施。为减轻从业人员负担，交通运输部还印发了《关于进一步规范道路运输从业人员管理和服务有关事项的通知》，取消重复诚信考核，推行继续教育网络化，提出从业资格证过期注销可恢复补救等便民措施。各地方运管部门也积极探索改革举措。例如，推进客运运价改革，在道路客运班线运价率先实行市场调节价；大力推进简政放权，下放、取消行政职权，增加市场活力。

二、互联网与道路运输加快融合

为落实国家“互联网 +”行动计划，加快推进“智慧交通”建设，各级交通运输部门充分借助信息化、网络化的手段，积极主动延伸服务渠道与方法，全面做好客运联网售票、运政信息系统和交通一卡通互联互通等重要工作，在“互联网 +”运输服务方面取得实效，推动了运输服务行业的转型升级。

2015 年，交通运输部围绕推进京津冀城乡客运一体化，率先实现京津冀道路客运售票系统联网运行，基本确定了部级平台和京津冀省级系统的联网方案。多地运管部门加快推进联网售票系统建设，鼓励支持网上购票、手机订票、自助购票等出行服务发展，让旅客购票更加便利。

2015 年 4 月，交通运输部印发了《关于开展全国道路运政管理信息系统互联互通工作的通知》，启动了全国道路运政管理信息系统互联互通工作。30个省与部级系统开展了联网联试，8个省完成了12项核心指标的采集，浙江、上海、江苏三省通过信息化手段建立了异地违章信息的共享联动机制，广东、福建等省份联合开展了从业人员档案管理及互通互认。

交通运输部部长杨传堂主持召开交通运输部部务会议，审议《关于促进交通一卡通健康发展加快实施互联互通的指导意见》，确定了交通一卡通互联互通推进路径。到2015年年底，33个城市实现交通一卡通互联互通。通过先区域后全国，以点带面的方式，率先选取京津冀、长三角、珠三角等部分区域开展联网工作。

三、市场主体结构加快优化

道路运输市场结构调整取得进展。2015年，全国从事道路旅客运输的业户为4.3万户，其中道路旅客运输企业1.1万户，较上年略有减少，个体运输户3.2万户，同比减少7.0%。2015年，从事道路货物运输的经营业户为718.2万户，同比减少5.2%。其中企业59.2万户，同比减少3.9%；个体运输户659.0万户，同比减少5.3%。货物专业运输经营业户7.1万户，同比增长15.4%，其中集装箱运输经营业户20558户，同比增长13.4%。

截至2015年年底，全国道路运输业外商投资企业4036家，同比有所下降，减幅为6.3%。上海市外商投资企业数达到1677个，排名超过广东省位居第一。江苏省外商投资企业数达到294个，增长28个，其他省市的外商投资企业数量及排名情况与2014年相比变化不大。2015年全国外商投资道路运输企业数量列前10位的省（自治区、直辖市）情况见表2-3。

2015年全国外商投资道路运输企业数量列前10位的省（自治区、直辖市）（单位：个） **表2-3**

地　区	客　运	货　运	运输站（场）	机动车维修	合　计[1]
上海	2	1602	0	73	1677
广东	4	1563	1	34	1599
江苏	2	253	1	38	294
天津	2	224	0	11	235
北京	2	16	17	54	89
浙江	0	25	14	10	49
福建	2	28	0	7	37
山东	1	15	12	5	30
河北	1	7	0	0	8
四川	1	5	0	0	6

第四节　运输安全形势稳中趋好

一、道路行车事故数量总体下降

2015年，全国道路运输安全形势继续保持稳定趋好的形势，行业安全发展能力和水平稳步提升。重

[1] 由于某些企业经营范围广，因此分类统计时会出现统计重复的现象，导致某些地区的前列项数量总和无法等于合计项的数量。

大道路事故继续得到有效控制，全年全国共发生一次死亡 3 人以上道路运输行车事故 156 起，死亡 761 人，与 2014 年同期相比分别下降 13.3% 和 11.9%。

二、安全管理与隐患防范工作进一步加强

2015 年初，杨传堂部长在全国交通运输安全生产电视电话会议上讲话时强调，2015 年安全生产重点工作及春运期间的安全保障工作的总体要求是以建设“平安交通”为主线，强化红线意识和底线思维，深化安全生产监管机制改革，有力推动交通运输科学发展安全发展。

2015 年，交通运输行业继续稳步落实安全生产季度分析电视电话会议制度，推动了安全管理工作的常态化沟通，在提高安全管理效率、预防道路交通事故上取得了切实成效。此项工作在思路上、制度上和方法手段上的改革创新，推动了道路运输安全管理制度再上新台阶。同时，加强了重点营运车辆的联网联控，交通运输部印发了《关于认真贯彻落实〈道路运输车辆动态监督管理办法〉的通知》等文件，进一步强化安全生产法规制度与管理手段；以“道路运输平安年”活动为载体，重点围绕长途客运、道路危险货物运输等重点领域，加强安全生产责任落实，促进行业安全发展。

北京、江苏、浙江、四川、重庆、陕西等六省（自治区、直辖市）开展危险货物道路运输电子运单管理制度试点工作，开发建设电子运单管理系统，建立电子运单填写报送和监督检查制度，建立电子运单与车辆动态监控协同联动机制。

长途客运接驳运输工作深入推进，试点省份达到 27 个，有效防止了驾驶员疲劳驾驶，避免了夜间停驶带来安全隐患等问题。

第五节　绿色低碳发展成效显著

2015 年，交通运输行业制定了《交通运输部关于加快推进新能源汽车在交通运输行业推广应用的实施意见》，加快推进新能源汽车的推广应用。继续严格执行燃料消耗量达标车型制度和客运运力调控政策，联合印发《关于全面推进黄标车淘汰工作的通知》，布置开展 2015 年营运黄标车淘汰工作。推广应用汽车维修新技术、新工艺、新设备和新材料，继续推进甩挂运输，积极开展绿色物流实践，推动绿色维修技术应用，有效推动了绿色交通的发展。

在全国节能宣传周和全国低碳日活动中，交通运输行业以“绿色交通引领交通运输现代化发展”为主题，进行了丰富多彩的主题活动和大力宣传。通过召开绿色港口建设现场交流会、组织出版《绿色交通·美丽中国》特刊等活动，对交通运输各领域、各系统、各单位节能减排工作进行总结宣传。在道路运输领域，通过大力推广清洁能源和新能源车船的试点和应用，总结推广具有地方特色的节能减排驾驶技巧和先进技术产品，以丰富多彩的活动载体和宣传形式，广泛传播了道路运输节能减排新理念、新经验、新成果。

行业篇

ROAD TRANSPORT SECTOR

第三章　道路旅客运输

第一节　运量变化

一、道路旅客运输量及旅客周转量

2015 年，全国营业性客运车辆完成公路客运量 161.9 亿人次、旅客周转量 10742.7 亿人公里，同比分别减少 6.7% 和 2.3%。

根据百城百站道路客运信息监测网信息，2015 年全国百城百站共发送旅客总数为 48080.8 万人次，旅客平均上座率为 48.5%。全国百城百站客流基本呈平稳状态，在春运、“五一”小长假和“十一”黄金周期间出现了短暂高峰。全年最大客流高峰出现在 10 月 1 日至 10 月 7 日，共发送旅客 1343.8 万人次，平均上座率为 61.0%。客流最低时为 12 月 10 日至 12 月 16 日，共发送旅客 715.0 万人，平均上座率 39.5%。2015 年全国百城百站旅客发送量波动变化情况见图 3-1。

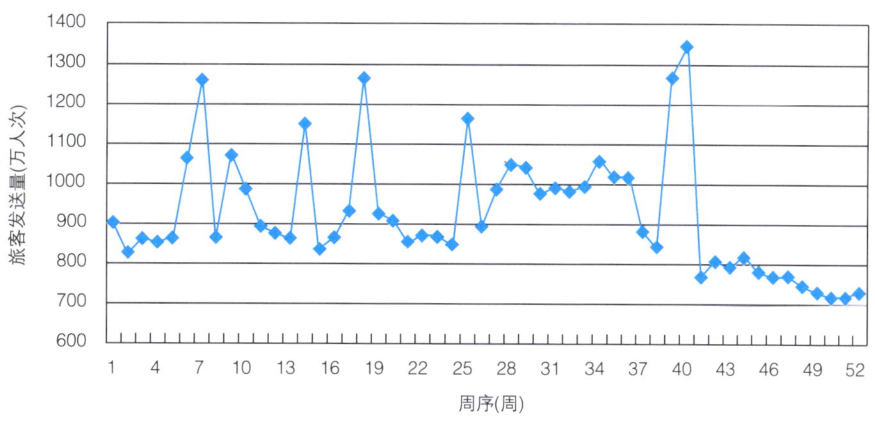

图 3-1　全国百城百站 2015 年旅客发送量波动变化图

2015 年全国百城百站共发送旅客总数为 48080.8 万人次，同比减少了 3616.7 万人次，降低了 7.0%；发送旅客班次 2814.6 万次，同比减少了 89.3 万次，降低了 3.1%；投入运力 99175.8 万座，同比减少了 2133.5 万座，降低了 2.1%；旅客平均上座率为 48.5%，同比降低了 2.6 个百分点。全国百城百站 2011—2015 年周报汇总数据见表 3-1。

2011—2015 年的数据表明：全国发送旅客班次总体呈现下降趋势，年均下降幅度为 2.5%；全国投入运力在 2012 年实现同比增长，2013—2015 年则同比有所下降，主要原因为适应客流量变化，实现运力资源合理投放；2013—2015 年旅客发送量同比下降，年均增长率为 −2.8%；旅客上座率始终保持在 48% 以上水平。

造成近年年客运班次、运力、旅客发送量整体减少的原因有：铁路的发展，特别是高铁的快速崛起、节假日高速公路免收通行费、私家车的发展以及人们出行方式、出行目的的改变等，使道路客运整体面临挑战。2015 年道路客运继续进行结构调整，努力实现创新发展。

全国百城百站 2011—2015 年周报汇总数据 **表 3-1**

年度(年)	指　标	班次(万次)	投入运力(万座)	旅客发送量(万人次)	旅客平均上座率
2011	数量	3110.7	102158.7	53951.3	52.8%
2012	数量	3166.0	105402.6	55585.0	52.7%
	同比增长	1.8%	3.2%	3.0%	−0.1 个百分点
2013	数量	3062.1	103934.5	54366.8	52.3%
	同比增长	−3.3%	−1.4%	−2.2%	−0.4 个百分点
2014	数量	2903.9	101309.3	51697.4	51.0%
	同比增长	−5.2%	−2.5%	−4.9%	−1.3 个百分点
2015	数量	2814.6	99175.8	48080.8	48.5%
	同比增长	−3.1%	−2.1%	−7.0%	−2.6 个百分点
2011—2015 年年均增长		−2.5%	−0.7%	−2.8%	−1.1 个百分点

二、客运车辆

2015 年，全国营运客车 83.9 万辆，同比减少 0.8%，客位数为 2148.6 万个，同比减少 1.9%，平均客位数为 25.6 个 / 辆，同比减少 0.3 个 / 辆。其中，大型客车 30.5 万辆、1324.3 万个客位，同比分别减少 0.6% 和 0.1%，平均客位数为 43.4 个 / 辆，同比增加 0.2 个 / 辆。全国营运客车车辆数及客位数总体小幅度下降，大型客车平均客位数同比有所增加。

截至 2015 年年末，全国农村道路客运车辆达 34.5 万辆，同比减少 3.9%，客位数共计 659.5 万个，同比减少 18 万个，降幅为 2.7 %。2015 年全国农村道路客运车辆类型构成情况见表 3-2。

2015 年全国农村道路客运车辆类型构成情况 **表 3-2**

按等级分	高　级		中　级		普　通	
	车辆数（辆）	客位数（个）	车辆数（辆）	客位数（个）	车辆数（辆）	客位数（个）
	12246	384866	122906	2760911	210141	3449135
按车长分	**特大、大型**		**中　型**		**小　型**	
	车辆数（辆）	客位数（个）	车辆数（辆）	客位数（个）	车辆数（辆）	客位数（个）
	19830	858698	138934	3402921	186529	2333293

从地区分布来看，东部地区有农村客运车辆 7.1 万辆，同比减少 7.0%；中部地区有 11.7 万辆，同比减少 2.7%；西部地区有 15.8 万辆，同比减少 3.3%。东部地区的客位数为 183.7 万个，车辆平均客位数为 26.0 个 / 辆，同比增加了 0.6 个客位，增幅为 2.5%；中部地区的客位数为 227.4 万个，车辆平均客位数为 19.5 个 / 辆，同比增加了 0.1 个客位，增长 0.8%；西部地区的客位数为 248.3 万个，车辆平均客位数为 15.7 个 / 辆，增幅为 1.5%。农村客运车辆客位总数在不同地区的分布差异不明显，平均客位数东部高于中部，

中部高于西部。2015 年全国农村客运车辆的地区分布情况见表 3-3。

2015 年全国农村客运车辆的地区分布情况　　**表 3-3**

指标＼地区	东部地区	中部地区	西部地区
车辆数（万辆）	7.1	11.7	15.8
客位数（万个）	183.7	227.4	248.3
平均每车客位数（个 / 辆）	26.0	19.5	15.7

全国农村客运车辆数列前 10 位的省（自治区）是：湖南（29277 辆）、四川（28901 辆）、云南（28286 辆）、新疆（24114 辆）、湖北（22535 辆）、河南（21345 辆）、贵州（18956 辆）、安徽（15681 辆）、广西（13849 辆）、江苏（12440 辆）。

三、道路客运在综合运输体系中的地位和作用

2015 年，道路客运量、旅客周转量在综合运输体系中所占比例分别为 83.3% 和 35.8%，道路客运继续在综合运输体系中发挥基础性、主体性作用。

2011—2015 年道路运输完成客运量在综合运输总量中所占比例见图 3-2。

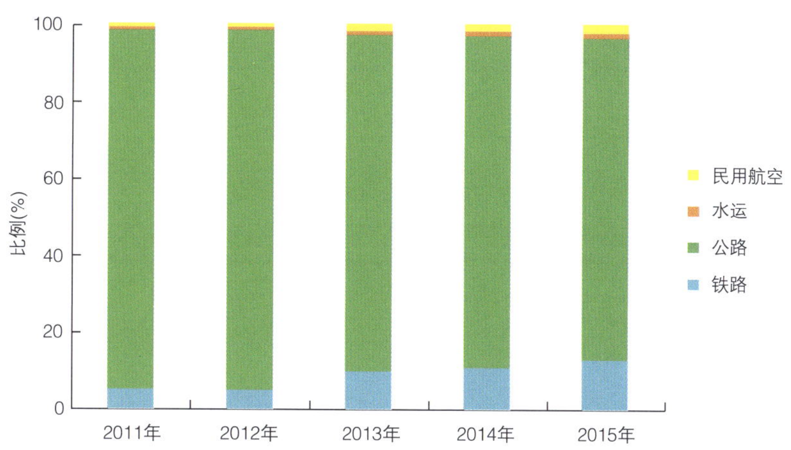

图 3-2　2011—2015 年道路运输完成客运量在综合运输总量中所占比例

第二节　市场构成

一、业务类型及业户规模

2015 年，全国从事道路旅客运输的业户为 4.3 万户，同比减少 5.3%。其中道路旅客运输企业 1.1 万户，同比持平，个体运输户 3.2 万户，同比减少 6.8%。从经营范围看，截至 2015 年年底，全国共有班车客运经营业户 4.0 万户，同比减少 5.5%；旅游客运经营业户 1777 户，同比增长 6.0%；包车客运经营业户 2592 万户，同比增加 4.5%。2015 年全国道路旅客运输经营业户构成情况见表 3-4。

2015 年全国道路旅客运输经营业户构成（单位：户）　　**表 3-4**

类　型	合　计	客运企业	个体运输户
班车客运	40282	8510	31772
旅游客运	1777	1766	11
包车客运	2592	2400	192

道路客运企业中拥有车辆数在 10～49 辆的比例最高，分别有 39.0% 的班车客运企业、52.8% 的旅游客运企业以及 50.0% 的包车客运企业，与 2014 年相比变化不大。2015 年全国客运企业车辆规模构成情况见图 3-3。

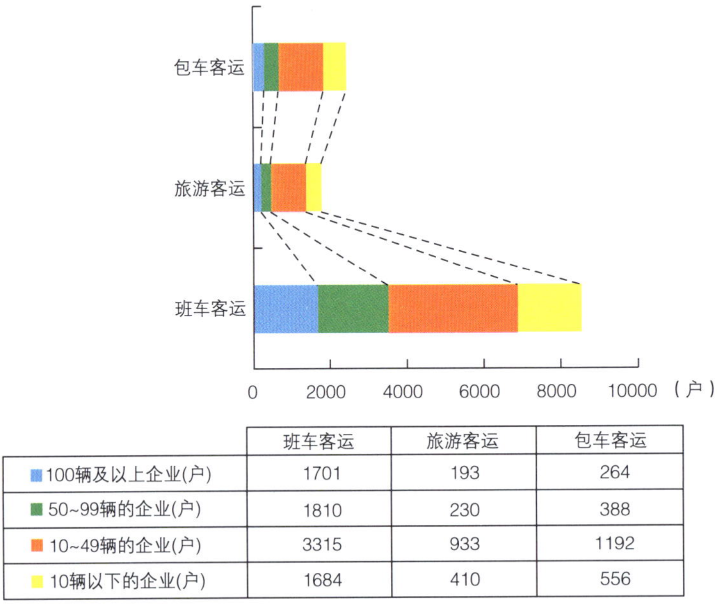

	班车客运	旅游客运	包车客运
100辆及以上企业(户)	1701	193	264
50~99辆的企业(户)	1810	230	388
10~49辆的企业(户)	3315	933	1192
10辆以下的企业(户)	1684	410	556

图 3-3　2015 年全国客运企业车辆规模构成情况

与 2014 年相比，拥有道路客运车辆数在 100 辆及以上、10~49 辆和 10 辆以下的班车客运企业总数有小幅减少，拥有车辆数在 50~99 辆的班车客运企业总数有所增加。对于旅游客运企业，拥有车辆数在 50~99 辆、10~49 辆以及 10 辆以下的旅游客运企业总数均有所增长，而拥有车辆数在 100 辆及以上的旅游客运企业总数小幅度减少。对于包车客运企业，拥有车辆数在 100 辆及以上的企业总数较 2014 年有所减少，拥有车辆数在 50~99 辆、10~49 辆以及 10 辆以下的包车客运企业数量较 2014 年有所增加。总体来看，拥有道路客运车辆数在 50~99 辆的班车客运企业所占比例有所上升；旅游客运企业中，拥有车辆数 10~49 辆和 10 辆以下的企业仍然占据较大比例；对于包车客运企业，拥有车辆数在 10~49 辆的企业所占比例呈现扩大趋势。

二、地区分布

2015 年，全国道路客运经营业户平均每户所拥有的车辆数为 19.5 辆，同比增长 4.8%，表明旅客运输市场的运输资源集中度进一步提升。其中北京、天津、辽宁、上海、江苏、浙江、福建、山东、广东、海南、山西、江西、河南、广西、重庆、四川、贵州、西藏、陕西、甘肃、宁夏、新疆 22 个省（自治区、直辖市）的道路客运经营业户平均拥有的车辆数超过了全国平均水平。2015 年全国客运经营业户平均拥有车辆数量情况见图 3-4。

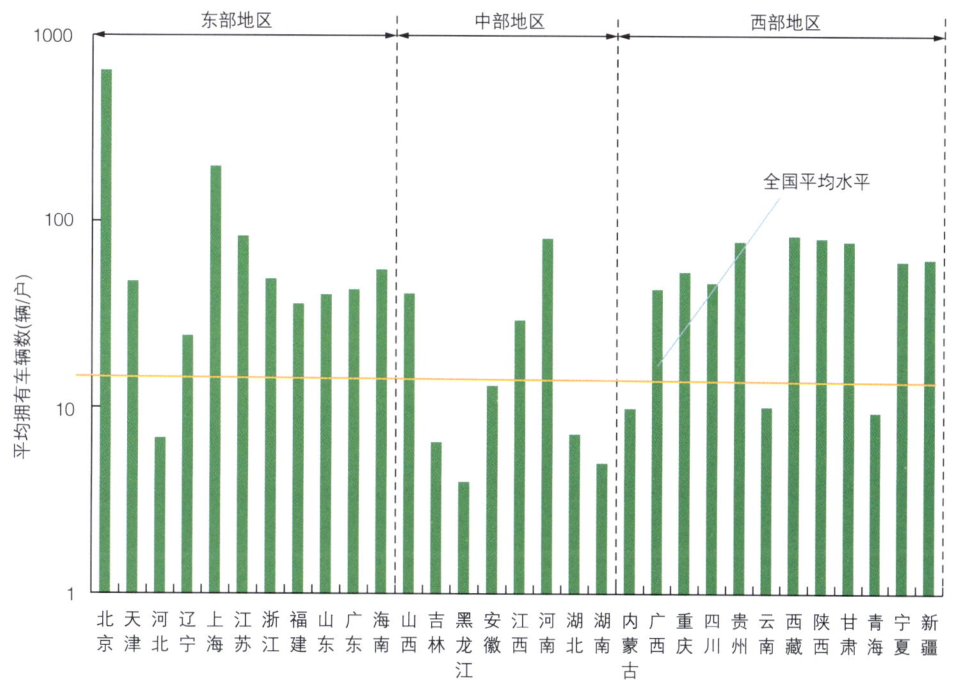

图 3-4　2015 年全国客运经营业户平均拥有车辆数量情况[1]

三、从业人员

截至 2015 年年末，全国共有道路旅客运输从业人员 338.7 万人，同比增长 5.7%。其中客运驾驶员 243.7 万人，乘务员 53.5 万人，同比分别增长 8.0% 和下降 6.7%。东部地区的道路旅客运输从业人员占总数的 42.0%，同比增长 1.5 个百分点；中部地区和西部地区的道路旅客运输从业人员分别占总数的 25.5% 和 32.5%，同比分别增长 0.7 个百分点和下降 2.2 个百分点。中部地区的客运乘务员数量占总数的 37.3%，同比减少 2.4 个百分点。2015 年全国客运驾驶员和乘务员地区分布情况见表 3-5。

2015 年全国客运驾驶员和乘务员地区分布情况　　　　**表 3-5**

地区分布 / 从业人员类型		东部		中部		西部	
		数量（万人）	比例（%）	数量（万人）	比例（%）	数量（万人）	比例（%）
道路旅客运输从业人员		142.1	42.0	86.3	25.5	110.3	32.5
其中	客运驾驶员	117.0	48.0	51.0	20.9	75.8	31.1
	乘务员	13.4	25.0	19.9	37.3	20.1	37.7

[1] 东部地区包括：北京、天津、上海、辽宁、河北、山东、江苏、浙江、福建、广东、海南；中部地区包括：山西、吉林、黑龙江、安徽、江西、河南、湖北、湖南；西部地区包括：内蒙古、广西、重庆、四川、贵州、云南、陕西、甘肃、青海、宁夏、西藏、新疆。

第三节　班车客运

一、客运班线开通情况

截至2015年年末，全国共开通客运班线18.1万条，与2014年持平；平均日发班次164.8万次，同比减少6.1万次。跨省线路17852条，年平均日发班次59455次；跨地（市）线路37465条，年平均日发班次196240次；跨县线路35019条，年平均日发班次312901次；县内线路90875条，年平均日发班次1079212次。2011—2015年道路客运班线开通及班车发车密度情况见表3-6。

2011—2015年道路客运班线开通及班车发车密度情况　　**表3-6**

班线开通情况		2011年	2012年	2013年	2014年	2015年
总计	线路（万条）	17.0	17.7	17.9	18.1	18.1
	年平均日发班（万次/日）	177.8	176.4	169.8	170.9	164.8
跨省	线路（万条）	1.6	1.8	1.8	1.8	1.8
	年平均日发班（万次/日）	5.9	5.9	6.0	6.1	5.9
跨地（市）	线路（万条）	3.6	3.7	3.7	3.8	3.7
	年平均日发班（万次/日）	18.1	18.2	18.7	20.0	19.6
跨县	线路（万条）	3.4	3.5	3.5	3.5	3.5
	年平均日发班（万次/日）	35.8	34.9	32.9	32.6	31.3
县内	线路（万条）	8.3	8.7	9.0	9.1	9.1
	年平均日发班（万次/日）	118	117.3	112.3	112.1	107.9

2015年全国高速客运线路为25204条，同比增加1430条。其中400公里以内的线路为15366条，同比增加4.9%，平均每条线路日发班次6.8个；400~800公里的线路6004条，同比增加10.3%，平均每条线路日发班次2.5个；800公里以上的线路3834条，同比增长4.1%，平均每条线路日发班次1.9个。2014年和2015年全国高速客运班线开通情况比较见表3-7。

2014年和2015年全国高速客运班线开通情况比较　　**表3-7**

指　标 线路长度	班线开通条数（条）		年平均日发班次（个/日）		平均每条线路日发班次（个/日）	
	2014年	2015年	2014年	2015年	2014年	2015年
<400公里	14645	15366	99607	104295	6.8	6.8
≥400且<800公里	5445	6004	14403	15142	2.6	2.5
≥800公里	3684	3834	7536	7104	2.0	1.9

二、线路长度

2015年，800公里以上的客运线路5937条，同比减少133条；400～800公里的客运线路11338条，同比增加 44 条；400 公里以下的客运线路 163936 条，同比增加 83 条。2014 年和 2015 年道路客运班线不同线路长度分布比较见图 3-5。

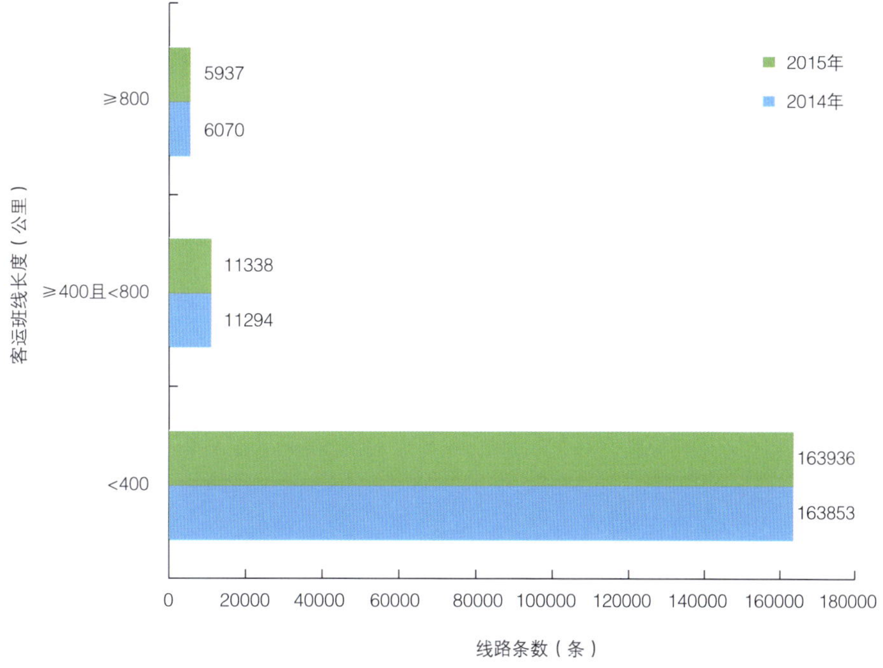

图 3-5　2014 年和 2015 年道路客运班线不同线路长度分布比较

三、客运班线地区分布

2015 年，班线数量列全国前 10 位的省（自治区）是：广东（14032 条）、湖南（13534 条）、四川（11618 条）、湖北（11274 条）、安徽（10253 条）、江苏（9510 条）、河南（9412 条）、广西（8920 条）、山东（8742 条）、河北（8629 条）。这些省份开通的班线数及年平均日发班次数见图 3-6。

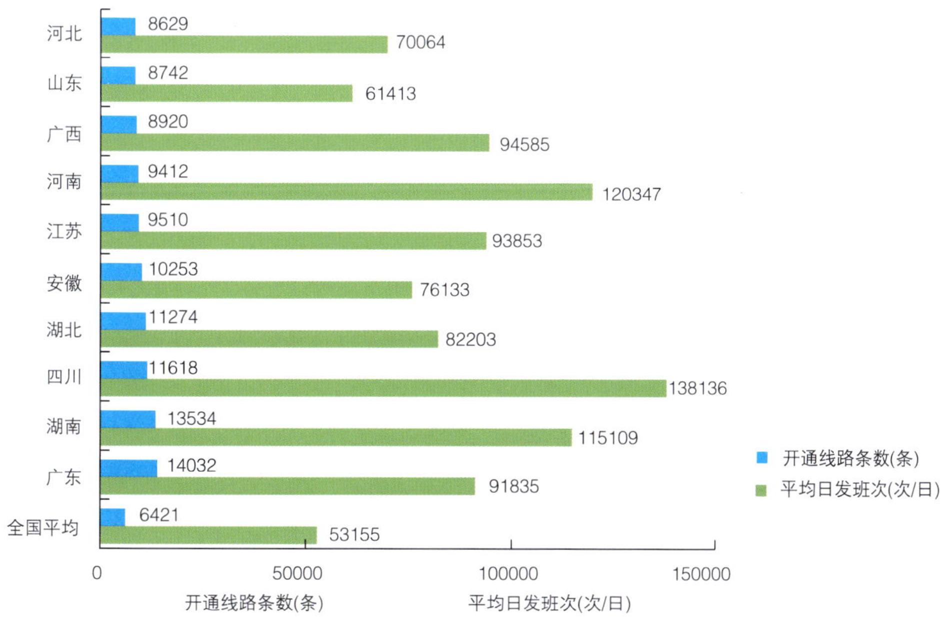

图 3-6　开通班线数列全国前 10 位省份的客运班线及平均日发班次数

2015年，开通800公里以上线路条数列全国前10位的省（自治区、直辖市）是：广东（1855条）、浙江（974条）、河南（845条）、广西（757条）、湖南（744条）、上海（741条）、江苏（698条）、湖北（656条）、山东（454条）、四川（393条）。以上省份开通的800公里以上班线数及年平均日发班次数见图3-7。2015年全国东、中、西部地区开通班线、跨省班线及高速客运班线发展情况见表3-8。

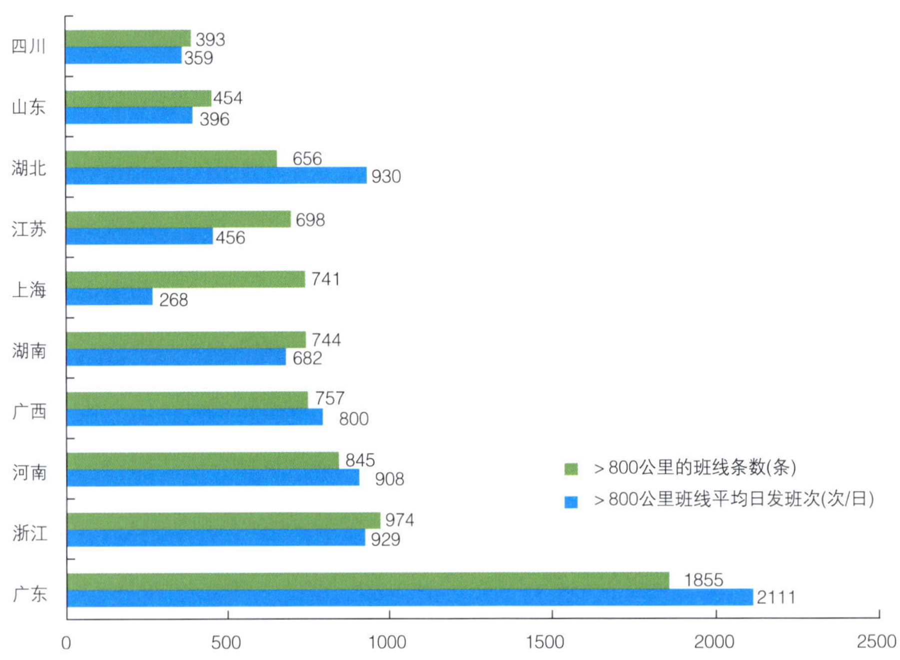

图3-7 开通800公里以上班线数列全国前10位省份的客运班线及日发班次数

2015年全国东、中、西部地区开通班线、跨省班线及高速客运班线发展情况表　　表3-8

序号	东部地区		中部地区		西部地区	
	省（自治区、直辖市）	班线数量（条）	省（自治区、直辖市）	班线数量（条）	省（自治区、直辖市）	班线数量（条）
1	广东	14032	湖南	13534	四川	11618
2	江苏	9510	湖北	11274	广西	8920
3	山东	8742	安徽	10253	贵州	7732
4	河北	8629	河南	9412	云南	6486
5	辽宁	6884	江西	6890	陕西	5930
序号	东部地区		中部地区		西部地区	
	省（自治区、直辖市）	跨省班线数量（条）	省（自治区、直辖市）	跨省班线数量（条）	省（自治区、直辖市）	跨省班线数量（条）
1	广东	3971	湖南	1689	四川	902
2	江苏	3117	湖北	1269	广西	1757
3	山东	1525	安徽	2254	贵州	663
4	河北	1699	河南	2134	云南	355
5	辽宁	456	江西	1169	陕西	660

续上表

序号	东部地区		中部地区		西部地区	
	省（自治区、直辖市）	高速客运班线（条）	省（自治区、直辖市）	高速客运班线（条）	省（自治区、直辖市）	高速客运班线（条）
1	广东	3614	湖南	1574	四川	2255
2	江苏	3341	湖北	1665	广西	1905
3	山东	2372	安徽	1294	贵州	1067
4	河北	658	河南	1115	云南	781
5	辽宁	630	江西	637	陕西	733

第四节　农村客运

一、农村公路及农村客运站建设

2015 年，全国农村公路新增 9.9 万公里，农村公路（含县道、乡道、村道）里程达 398.1 万公里。全国农村客运站总数达到 26.3 万个，同比减少 1.3%。其中东部地区农村客运站总数为 11.3 万个，同比减少 12.8%；中部地区农村客运站总数为 10.4 万个，同比增加 10.2%；西部地区农村客运站总数为 4.6 万个，同比增加 9.2%。2015 年全国东、中、西部地区农村客运站数量列前 5 位的省（自治区、直辖市）情况见表 3-9。

2015 年全国东、中、西部地区农村客运站数量列前 5 位的省份　　表 3-9

序号	东部地区		中部地区		西部地区	
	省（自治区、直辖市）	农村客运站个数（个）	省（自治区、直辖市）	农村客运站个数（个）	省（自治区、直辖市）	农村客运站个数（个）
1	山东	45357	湖北	26975	甘肃	11402
2	河北	34447	山西	23636	陕西	10998
3	广东	13540	湖南	19952	重庆	6714
4	江苏	11720	江西	13245	四川	5859
5	浙江	4322	河南	12369	云南	3791

2015 年，全国农村客运站建设共完成投资 15.2 亿元，规模较 2014 年有所增加，同比增加 7.8%；其中政府投资 8.2 亿元，占总投资额的 54.0%，同比下降 6.3 个百分点。2014 年和 2015 年全国农村客运站

建设投资情况见表 3-10。

2014 年和 2015 年全国农村客运站建设投资情况 表 3-10

建设投资情况 \ 年份		2014 年	2015 年
当年农村客运站建设投资（亿元）		14.1	15.2
其中	政府投资额（亿元）	8.5	8.2
	政府投资比例（%）	60.3	54.0

二、通达情况

1. 农村公路通达情况

截至 2015 年年末，全国通公路的乡（镇）占比达 99.99%，通公路的建制村占比达 99.87%，分别较 2014 年提高 0.01 和 0.05 个百分点。其中，通硬化路面的乡（镇）占比达 98.62%，通硬化路面的建制村占比达 94.45%，分别较 2014 年提高 0.53 和 2.68 个百分点。2011—2015 年全国乡镇和建制村公路通达率情况见图 3-8。

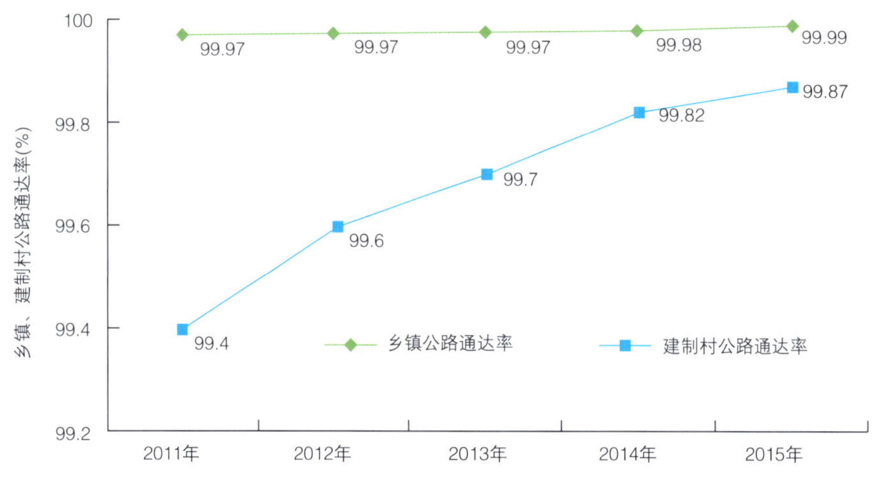

图 3-8　2011—2015 年全国乡镇和建制村公路通达率

2. 农村客运班车通达情况

截至 2015 年年末，全国共有 3.51 万个乡镇通了客运车辆（包括客运班车和农村公交），乡镇通车率达 99.01%，同比提高 0.06 个百分点；共有 57.40 万个建制村通了客运车辆，建制村通车率达 94.28%，同比提高 0.96 个百分点。2011—2015 年全国乡镇和建制村通客运班车率变化情况见图 3-9。

2015 年，全国共开通农村客运班线 97046 条，同比减少 0.2%，年平均日发班次 110.3 万次，同比减少 3.9 %。全国东部地区开通的农村客运班线数为 2.1 万条，同比减少 4.1%；中部地区开通的农村客运班线数为 3.7 万条，同比增长 1.8%；西部地区农村客运班线数为 3.9 万条，基本与 2014 年持平。2015 年全国东、中、西部地区农村客运班线数量列前 5 位的省（自治区、直辖市）情况见表 3-11。

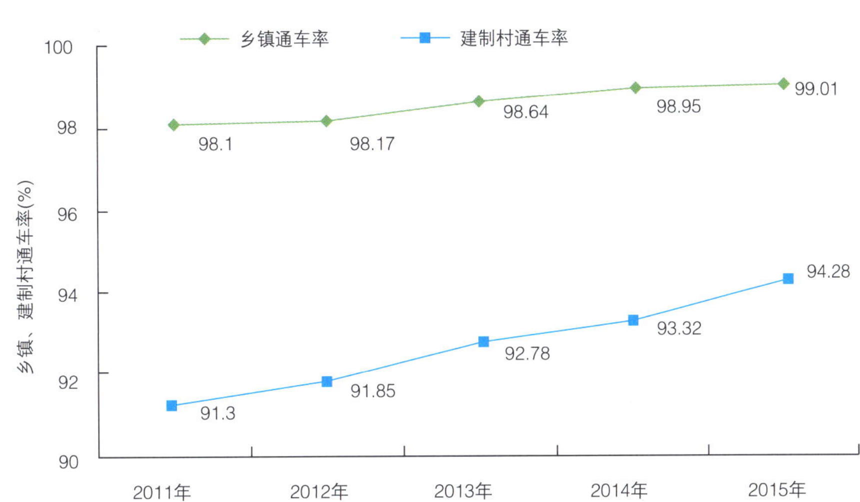

图 3-9　2011—2015 年全国乡镇和建制村通客运班车率变化情况

2015 年全国东、中、西部地区农村客运班线数量列前 5 位的省份　　表 3-11

序号	东部地区			中部地区			西部地区		
	省（自治区、直辖市）	农村客运班线（条）	年平均日发班（次 / 日）	省（自治区、直辖市）	农村客运班线（条）	年平均日发班（次 / 日）	省（自治区、直辖市）	农村客运班线（条）	年平均日发班（次 / 日）
1	辽宁	4044	27989	湖南	7417	87558	四川	7996	104221
2	河北	4030	44397	湖北	6705	62711	贵州	4845	46588
3	山东	3478	32116	黑龙江	4739	16057	云南	4124	50460
4	浙江	2681	87714	安徽	4624	51889	重庆	3505	37160
5	江苏	2303	45580	吉林	4015	24213	新疆	3434	34128

第五节　客运站场建设及运营

一、站场建设

2015 年，全国道路客运站建设共完成投资 137.3 亿元，同比减少 13.3%。其中政府投资 50.4 亿元，同比增加 11.3%，占总投资额的 36.7%，同比增加 8.1 个百分点。截至 2015 年年末，全国客运站总数达 33.6 万个，同比增长 3.1%；等级客运站 20752 个，同比增加 181 个，增幅为 0.9 %；简易站及招呼站 314786 个，同比增加 9801 个，增幅为 3.2%。等级客运站中，一级客运站 847 个，同比增长 6.8%；二级客运站 1952 个，同比减少 1.0%；三级客运站 1965 个，同比减少 1.8%；四级客运站 5738 个，同比基本持平；五级客运站 10250 个，同比增长 1.8%。2011—2015 年全国等级客运站发展情况见表 3-12。

2011—2015 年全国等级客运站发展情况（单位：个） **表 3-12**

年份（年）	一级客运站	二级客运站	三级客运站	四级客运站
2011	672	2102	2140	5279
2012	706	2065	2078	5393
2013	751	2058	2001	5482
2014	793	1971	2001	5741
2015	847	1952	1965	5738

截至 2015 年年末，全国共有 1800 个二级站配备了安全检测仪，占二级站总数的 92.2%，同比增长 0.2 个百分点；有 673 个三级站配备了安全检测仪，占三级站总数的 34.2%。

二、站场经营

截至 2015 年年末，全国共有道路客运站经营业户 2.5 万户，同比减少 1.9%。从事客运站经营的人员 34.5 万人，同比减少 1.2 万人，降幅为 3.3%。东、中、西部客运站经营业户占全国的比例分别为 20.4%、43.1% 和 36.5%；东、中、西部客运站从业人员占全国的比例分别为 33.1%、39.6% 和 27.3%，中部客运站从业人员所占比例增加。2015 年道路客运站经营业户及从业人员地区分布见图 3-10。

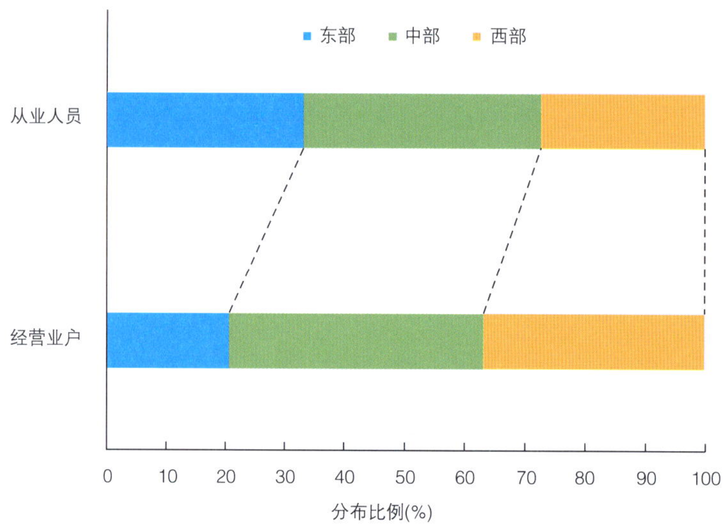

图 3-10　2015 年道路客运站经营业户及从业人员地区分布比例

一级站和二级站发送的日均旅客发送量为 1510.4 万人次，占全部等级客运站发送量的 70.3%，同比增加 0.9 个百分点。其中，一级客运站年平均日发送旅客 677.8 万人，同比减少 2.5%，占全部客运站年平均日发送旅客的 31.6%，同比增长 0.9 个百分点；平均日发送班次 36.6 万次，同比减少 1.3%，占全部客运站年平均日发送班次的 24.5%，同比基本持平。二级客运站年平均日发送旅客 832.6 万人，同比减少 5.1%，占全部客运站年平均日发送旅客的 38.8%，同比基本持平；平均日发送班次 53.2 万次，同比减少 2.6%，占全部客运站年平均日发送班次的 35.6%，同比基本持平。2014 年和 2015 年全国客运站平均日旅客发送量及平均日发班次比较情况见表 3-13。

2014 年和 2015 年全国客运站平均日旅客发送量及平均日发班次比较　　表 3-13

客运站等级 \ 发送情况 / 年份	平均日旅客发送量（万人次）		平均日发班次（万次）	
	2014 年	2015 年	2014 年	2015 年
一级站	695.1	677.8	37.1	36.6
二级站	877	832.6	54.6	53.2
其余站	693.8	636.7	62.5	59.6
总计	2265.9	2147.1	154.2	149.4

第六节　重点时段和地区运输保障工作

2015 年，在春运、“十一”黄金周、“五一”小长假、中秋小长假等重要节假日，各级道路运输管理机构通过认真开展督促检查、积极应对恶劣天气等措施，做到运力保障充足、服务措施到位，充分发挥了道路运输的基础保障作用，保障人民群众出行更加安全高效，圆满完成了重点时段和地区的运输保障工作。

一、春运各项工作任务圆满完成

2015 年春运期间全国共发送旅客 29.15 亿人次，其中，道路旅客发送量为 24.95 亿人次，增长 3.0%。春运期间，全国路网运行情况总体平稳，部分路段因天气原因出现短时交通封闭或管制，未发生大面积、长时间交通拥堵。春运期间，全国各级道路运输管理部门严格加强对车辆、驾驶员、客运站、运输企业、路网的安全监管，有效保障安全出行，安全形势总体稳定。

同时，交通运输主管部门还重点关注互联网等新技术在春运中的服务功能应用，大力推进网上购票和出行信息服务，切实提高春运服务水平。

根据《交通运输部　公安部　国家安全监管总局　中华全国总工会和团中央　关于春运期间开展“情满旅途”活动的通知》（交运发〔2015〕8 号）的有关精神与要求，交通运输部联合公安部、安监总局、全国总工会在 2015 年春运期间开展了“情满旅途”活动，进一步提升春运服务质量和服务水平。

专栏 3-1　全国各地开展系列措施保障春运开展，提升春运服务水平

北京公交集团在四大火车站、汽车客运站和机场周边线路增配公交车辆 200 余辆；上海虹桥客运枢纽节后每日加开地铁运行班次 10 余个，开设春运公交专线 30 条，调集出租汽车 3000 余辆，全力保障到港旅客及时换乘公共交通工具；宁波市开通了“宁波通”，通过手机向旅客提供线路查询、路况信息、手机购票等 18 项服务；武汉铁路局联合当地通信部门，实现管内主要高铁线路和高铁车站 4G 高速网络全覆盖，以及 4G 高速网络与高速铁路“双高”融合，旅客从候车厅到列车车厢可无缝连接 4G 网络，途中可以顺畅地通过无线通信看电影、上网、通话。

——资料来源：新华网

二、重点时段运输工作组织有序

2015年“十一”黄金周期间，交通运输部门重点从三个方面开展保障工作：一是科学组织运力，满足旅客出行需求，全国投入84万余辆营运客车、2189万个客位以及2万余艘客运船舶、103万个客位参与道路、水路运输；二是强化综合交通运输服务，方便旅客接驳换乘，全国有53万辆公共汽电车投入运营；三是加强安全监管，保障旅客出行安全。加强对路网、航道、危险货物运输及存储等重点领域的实时监测和预警，严格落实领导带班制度和24小时值班制度，加强对极端天气的预警预报，完善运输应急预案和旅客疏散方案。

第四章　道路货物运输

第一节　运量变化

一、道路货运量及货物周转量

2015 年，全社会完成道路货运量 315.0 亿吨、货物周转量 57955.7 亿吨公里，按可比口径比 2014 年分别增长 1.2% 和 2.0%。2015 年月度全国道路货运量及增幅变化情况见图 4-1。

图 4-1　2015 年月度全国道路货运量及增幅变化情况

二、道路货运在综合运输体系中的作用

2015 年，全社会道路运输完成货运量在综合运输总量中所占比例为 75.5%，同比下降了 0.7 个百分点；全社会道路运输完成货物周转量在综合运输总量中所占比例为 32.7%，同比下降了 0.4 个百分点。

2011—2015 年道路运输完成的货运量和货运周转量在综合运输总量中所占比例见图 4-2 和图 4-3。

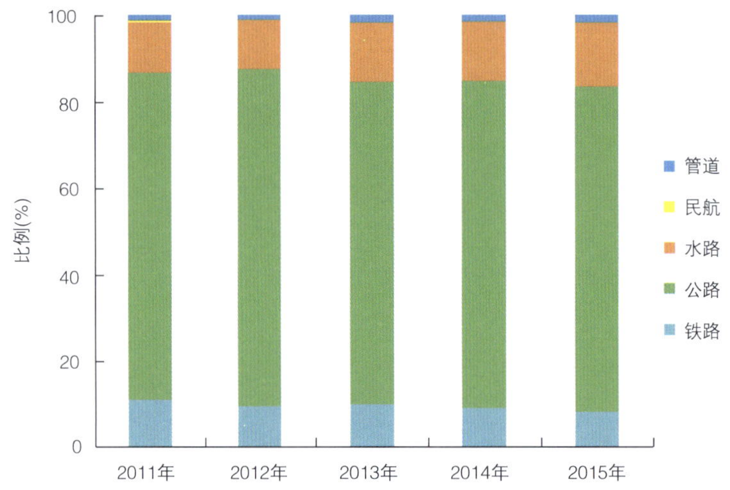

图 4-2　2011—2015 年道路运输完成货运量在综合运输总量中所占比例

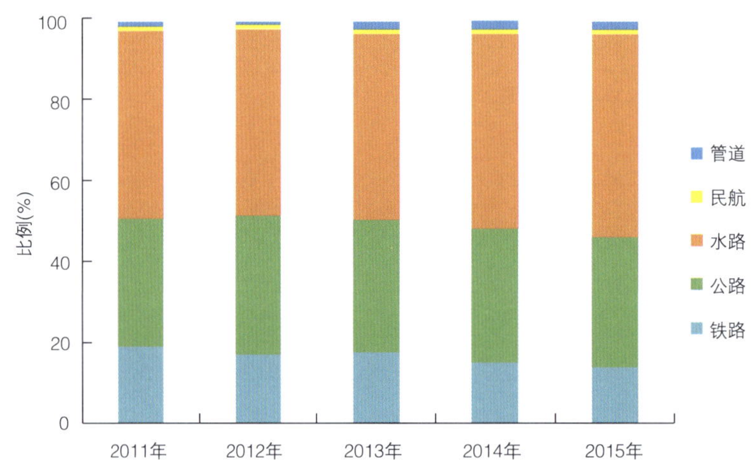

图 4-3　2011—2015 年道路运输完成货物周转量在综合运输总周转量中所占比例

第二节　市场构成

一、经营业户及规模

2015 年从事道路货物运输的经营业户为 718.2 万户，同比减少 39.4 万户，降低 5.2%。其中，企业 59.2 万户，同比减少 2.4 万户；个体运输户 659.0 万户，同比减少 37.0 万户。根据道路运输经营许可证所界定的经营范围划分，截至 2015 年年底，共有普通货物运输经营业户 690.3 万户，同比减少 4.4%；货物专用运输经营业户 7.1 万户（其中集装箱运输经营业户 20558 户，同比增长 13.4%），同比增长 15.4%；大型物件运输经营业户 11399 户，同比增加 11.4%；危险货物运输经营业户 10396 户，同比减少 2.6%。2015 年全国道路货物运输经营业户构成见表 4-1。

2015 年全国道路货物运输经营业户构成　　**表 4-1**

类　型	合　计	货运企业	个体运输户	个体运输户比例(%)
普通货物运输（万户）	690.3	56.7	633.6	91.8
货物专用运输(万户)	7.1	3.6	3.5	48.9
其中：集装箱运输（户）	20558	17956	2602	12.7
大型物件运输（户）	11399	4266	7133	62.6
危险货物运输（户）	10396	10396	0	0

2015 年，在全国货运企业中，有 86.5% 的货运企业拥有车辆数不足 10 辆，同比下降 1.0 个百分点，表明运输企业的规模化程度有所增加；其中包括 88.3% 的普通货物运输企业、61.0% 的货物专用运输企业、54.9% 的集装箱运输企业、67.6% 的大型物件运输企业和 29.7% 的危险货物运输企业。2015 年全国道路货运企业（不含普通货物运输企业）车辆规模构成见图 4-4。

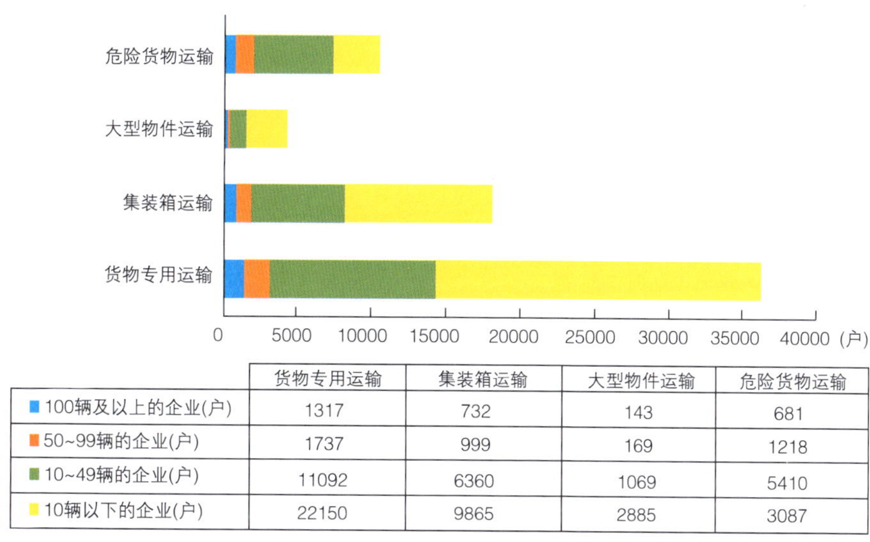

	货物专用运输	集装箱运输	大型物件运输	危险货物运输
100辆及以上的企业(户)	1317	732	143	681
50~99辆的企业(户)	1737	999	169	1218
10~49辆的企业(户)	11092	6360	1069	5410
10辆以下的企业(户)	22150	9865	2885	3087

图 4-4　2015 年全国道路货运企业（不含普通货物运输企业）车辆规模构成

2015 年全国拥有车辆数在 10 辆及以上的普通货物运输企业和危险货物运输企业所占同类企业总数的比例分别为 11.7% 和 70.3%，同比分别增长 0.8 和 2.8 个百分点；拥有车辆数在 10 辆及以上的货物专用运输企业、集装箱运输企业和大型物件运输企业所占同类企业总数的比例分别为 39.0%、45.1% 和 32.4%，同比分别下降 1.8、1.7 和 5.0 个百分点。此外，拥有车辆数在 50 辆及以上的普通货物运输和危险货物运输企业所占同类企业总数的比例分别为 3.7% 和 18.3%，同比分别增加 0.1 和 0.4 个百分点；拥有车辆数在 50 辆及以上的货物专用运输企业、集装箱运输企业和大型物件运输企业所占同类企业总数的比例分别为 8.4%、9.6% 和 7.3%，同比分别略降 0.7、1.0 和 2.4 个百分点。2014 年和 2015 年全国拥有车辆数在 10 辆及以上的道路货运企业数量见图 4-5。

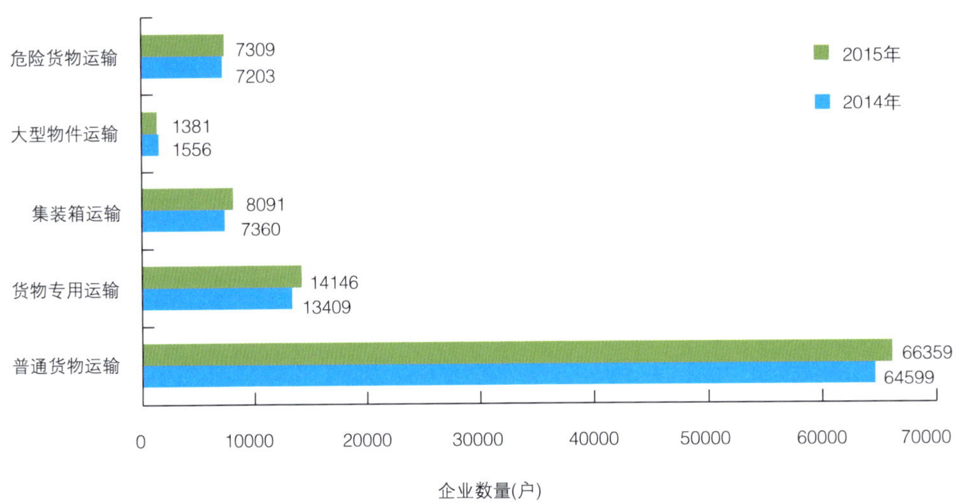

图 4-5　2014 年和 2015 年全国拥有车辆数在 10 辆以上的道路货运企业数量

二、地区分布

2015 年,全国道路货运经营业户平均每户拥有的货车数量为 1.93 辆,同比增加 0.8%。15 个省(自治区、直辖市)平均每户拥有的车辆数超过全国平均水平,分别为北京、天津、河北、辽宁、上海、江苏、福建、山东、山西、安徽、江西、内蒙古、重庆、甘肃和新疆,分别占东部、中部和西部各地区营运货车总数的 79.3%、35.6% 和 38.6%。2015 年全国道路货运经营业户平均拥有车辆数量情况见图 4-6。

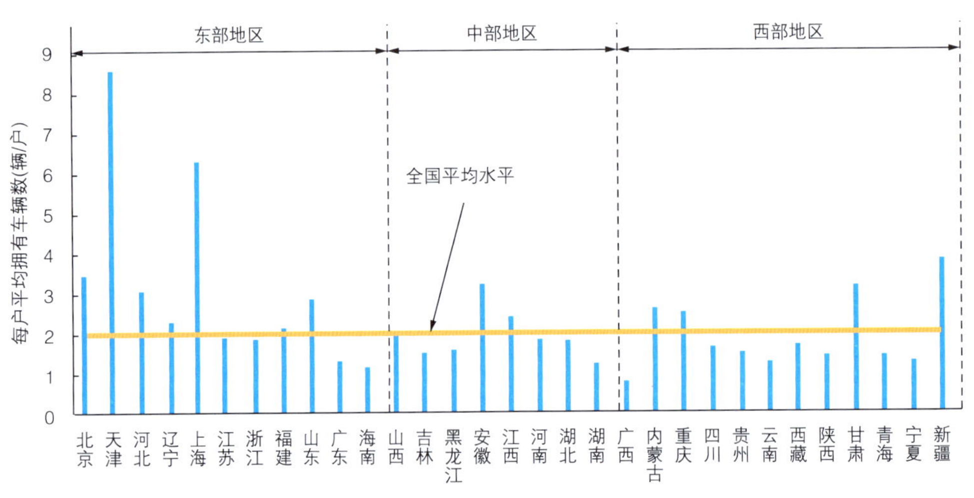

图 4-6　2015 年全国道路货运经营业户平均拥有车辆数量情况

此外,从各类道路货运经营业户数量的地区分布看,东、中、西部经营业户数量虽大致相当,但专业运输业户主要集中在东部地区,与经济及产业水平密切关联。2014 年和 2015 年全国道路货运经营业户地区分布见表 4-2。

2014 年和 2015 年全国道路货运经营业户地区分布 **表 4-2**

经营业户类型 \ 地区		东部		中部		西部	
		2014 年	2015 年	2014 年	2015 年	2014 年	2015 年
道路货物运输经营业户数（万户）		279.4	258.3	240.8	229.2	237.4	230.7
其中	普通货物运输（万户）	273.3	254.3	215.8	208.7	232.9	227.3
	货物专用运输（户）	44707	55393	9606	9196	7185	6380
	集装箱运输（户）	16655	19078	735	757	738	723
	大型物件运输（户）	8378	9477	1068	1116	787	806
	危险货物运输（户）	5771	5821	2378	2285	2521	2447

三、从业人员

截至 2015 年年末，全国共有道路货物运输从业人员 2138.8 万人，同比减少 0.6%，其中驾驶员 1922.8 万人，同比减少 0.3%（包括危险货物运输驾驶员 71.2 万人，同比增长 15.0%）；危险货物运输押运员 62.4 万人，同比增长 6.0%；危险货物运输装卸管理员 7.0 万人，同比下降 6.6%。东部地区货物运输从业人员占从业人员总数的 43.4%，同比增长了 0.3 个百分点；中部地区道路货物运输从业人员占从业人员总数的 31.2%，同比下降了 0.4 个百分点；西部地区道路货物运输从业人员占从业人员总数的 25.5%，同比增长了 0.2 个百分点。2015 年全国道路货物运输从业人员地区分布情况见表 4-3。

2015 年全国道路货物运输从业人员地区分布情况 **表 4-3**

从业人员类型 \ 地区分布		东部		中部		西部	
		数量（万人）	在全国占比（%）	数量（万人）	在全国占比（%）	数量（万人）	在全国占比（%）
道路货物运输从业人员		927.4	43.4	666.8	31.2	544.6	25.5
其中	道路货运驾驶员	811.8	42.2	595.7	31.0	515.2	26.8
	危险货物运输驾驶员	43.2	60.6	14.2	20.1	13.8	19.3
	危险货物运输押运员	39.8	63.8	12.6	20.1	10.1	16.1
	危险货物运输装卸管理员	3.5	50.2	2.0	27.8	1.5	22.0

第三节 货运车辆

2015 年全国营运货车总计 1389.2 万辆，同比减少 4.4%。按照车体结构，全国营运货车分为一体货车与甩挂车辆[1]两类，其中一体货车总计 1060.3 万辆，占总量的 76.3%，吨位总量 5485.6 万吨，占总量的 52.9%；甩挂车辆 328.9 万辆，占比 23.7%，吨位总计 4880.9 万吨，占总量的 47.1%。具体构成见图 4-7。

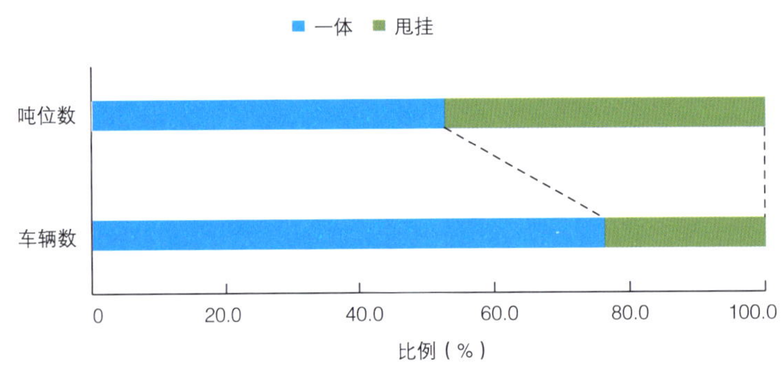

图 4-7 2015 年一体和甩挂营运货车数量及吨位结构

按照车辆用途分，全国有普通货车 1011.9 万辆，同比减少 7.3%，占总载货车辆数的 72.8%；专用货车 48.4 万辆，同比增加 6.2%，占总载货车辆数的 3.5%。2015 年全国营运货车按车辆用途划分构成情况见表 4-4。

2015 年全国营运货车按车辆用途划分构成情况 表 4-4

分类 / 数量	普通货车	专用货车		甩挂车辆	
			集装箱车	牵引车	挂车
车辆数（万辆）	1011.9	48.4	1.8	160.8	168.1
吨位数	4982.5 万吨	503.1 万吨	2.6 万 TEU	—	4880.9 万吨

第四节 普通货物运输

2015 年，全国从事普通货物运输的经营业户达 690.3 万户，同比减少 4.4%。其中个体运输户占总数的 91.8%，同比持平；企业有 56.7 万户，同比下降 2.7 万户，占总体比例为 8.2%，同比持平。

2015 年全国普通货车数及吨位数分别为 1011.9 万辆和 4982.5 万吨，普通货车数同比减少 7.3%，吨位数同比减少 4.9%。2011—2015 年全国普通货车数及吨位变化情况见图 4-8。

[1] 甩挂车辆为载货汽车中牵引车与挂车的总称；一体货车为载货汽车中单体车辆总称，包括普通货车（含大型货车）与专用货车（含集装箱车）两类。

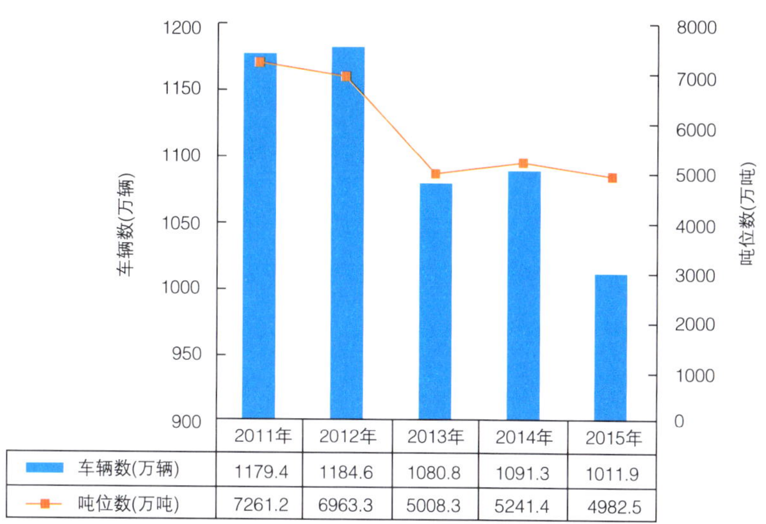

图 4-8　2011—2015 年全国普通货车数及吨位数变化情况

第五节　危险货物运输

一、业户及车辆情况

2015 年全国从事危险货物道路运输的业户为 10695 户，同比减少 2.5%。其中经营性危险货物运输业户 10396 户，同比减少 274 户，降低 2.6%，经营性业户占危险货物道路运输总业户的比例为 97.2%，同比下降 0.1 个百分点；非经营性危险货物运输经营业户有 299 户，同比增加了 4 户。2011—2015 年全国危险货物道路运输业户及车辆发展情况见图 4-9。

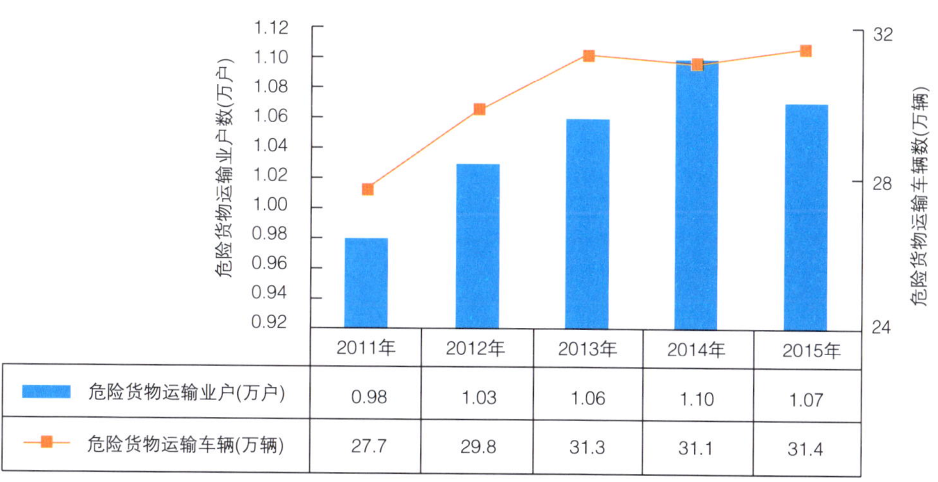

图 4-9　2011—2015 年全国危险货物道路运输业户及车辆发展情况

按照《危险货物分类与品名编号》（GB 6944—2012）的分类，2015 年全国危险货物道路运输业户经营范围分布见表 4-5。

2015 年全国危险货物道路运输业户经营范围分布情况 **表 4-5**

运　输　物　质	业户数（户）	占业户总数比例 (%)
第 1 类　爆炸品	1454	13.6
第 2 类　气体	5959	55.7
第 3 类　易燃液体	6721	62.8
第 4 类　易燃固体、易于自燃的物质、遇水放出易燃气体的物质	1967	18.4
第 5 类　氧化性物质和有机过氧化物	1576	14.7
第 6 类　毒性物质和感染性物质	1858	17.4
第 7 类　放射性物质	148	1.4
第 8 类　腐蚀性物质	3360	31.4
第 9 类　杂项危险物质和物品	1168	10.9
剧毒化学品	604	5.6

截至 2015 年年底，全国危险货物运输车(包含危险货物道路运输挂车)达 31.4 万辆，同比增加 0.83%，平均每个经营业户拥有车辆 29.3 辆，同比增长 0.9 辆；吨位总计 521.5 万吨，同比增长 5.2%，平均每户载重吨位为 487.6 吨，同比增长 7.8%。

在危险货物道路运输企业中，拥有车辆数在 100 辆及以上的企业占 6.6%，同比降低 0.1 个百分点；拥有车辆数在 50~99 辆的企业占 11.7%，同比增长 0.5 个百分点；拥有车辆数在 10~49 辆的企业占 52.0%，同比增长 2.3 个百分点；拥有车辆数在 10 辆以下的企业占 29.7%，同比下降了 2.8 个百分点；个体运输户已完全退出危险货物道路运输市场。

2015 年，全国安装卫星定位车载终端系统的危险货物运输车辆有 17.3 万辆，占危险货物运输车辆总数(不包含危险货物道路运输挂车)的比例达到 90.9%，同比上升 5.7 个百分点，见图 4-10。

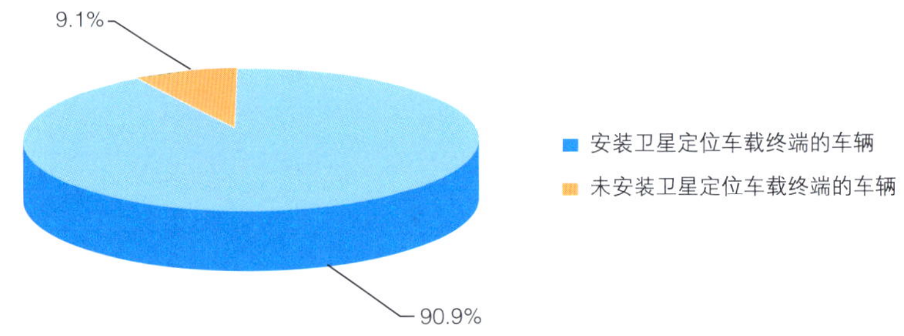

图 4-10　2015 年全国安装卫星定位车载终端的危险运输车比例

二、地区分布

2015 年，危险货物道路运输业户数、车辆数及吨位数在全国东、中、西部地区分布情况见图 4-11。

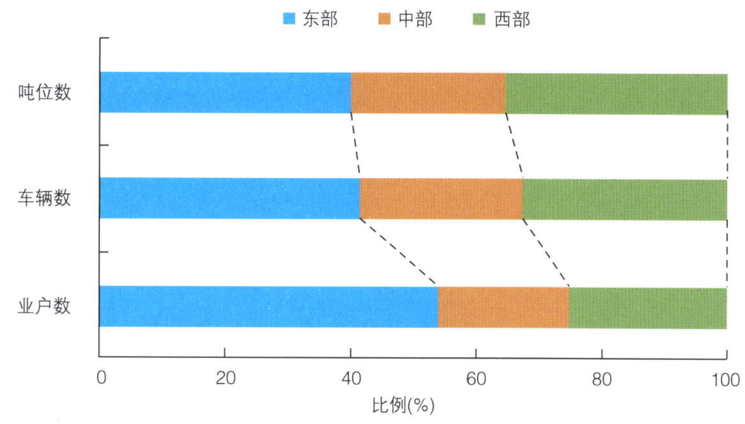

图 4-11　2015 年全国危险货物道路运输业户数、车辆及吨位数地区分布情况

全国危险货物道路运输车辆总计吨位列前 10 位的省（自治区）见图 4-12，从总体情况看，危险货物运输资源主要集中在东部地区。

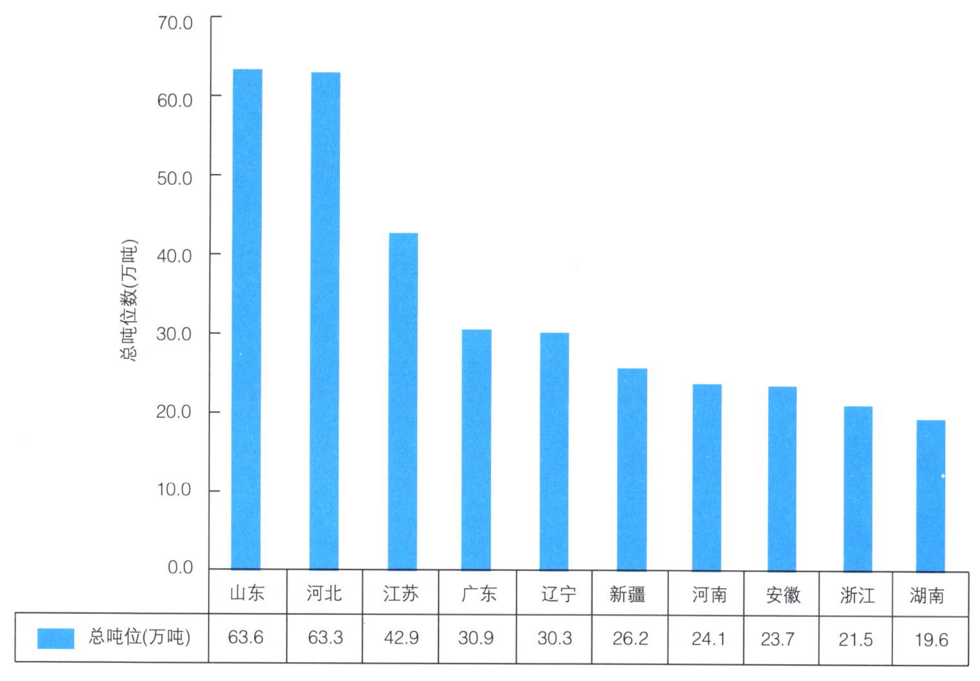

	山东	河北	江苏	广东	辽宁	新疆	河南	安徽	浙江	湖南
总吨位(万吨)	63.6	63.3	42.9	30.9	30.3	26.2	24.1	23.7	21.5	19.6

图 4-12　2015 年全国危险货物道路运输车总计吨位前 10 位省（自治区）

第六节　集装箱运输

一、业户及车辆情况

2015 年，全国有公路集装箱运输经营业户 20558 户，同比增加 2430 户，增长 13.4%；其中公路集装箱运输企业 17956 户，同比增加 14.0%，占比为 87.3%，同比增长 0.4 个百分点。2011—2015 年全国公路集装箱运输经营业户发展情况见图 4-13。

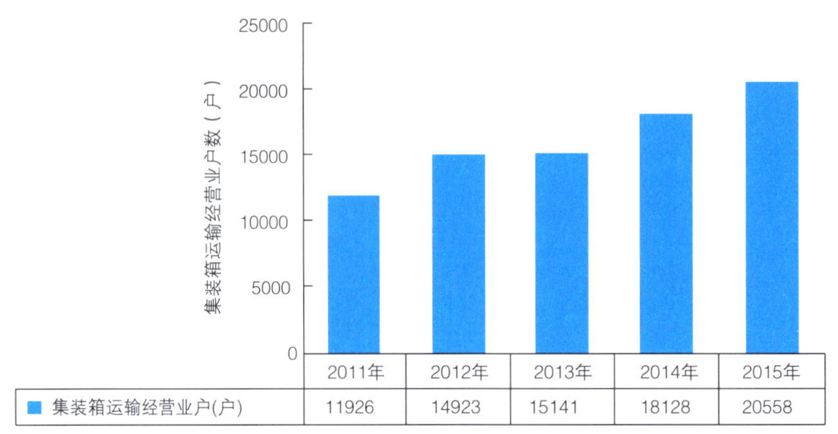

	2011年	2012年	2013年	2014年	2015年
集装箱运输经营业户(户)	11926	14923	15141	18128	20558

图 4-13　2011—2015 年全国公路集装箱运输经营业户发展情况

二、地区分布

2015 年，全国东部地区公路集装箱运输车辆和其标箱（TEU）数分别占全国总数的 77.8% 和 79.6%，东部地区依然处于领先地位，中西部地区与东部的差距逐年缩小。2015 年全国公路集装箱运输车总计标箱（TEU）数前 10 位的省（直辖市）见图 4-14。

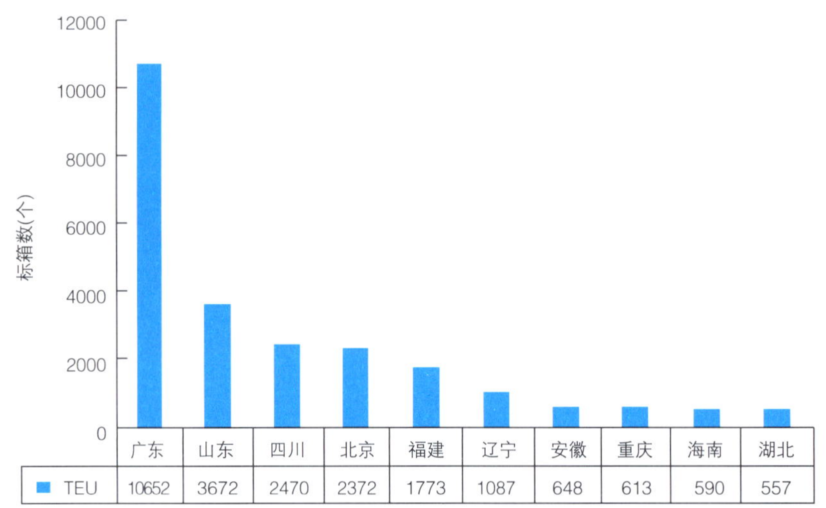

	广东	山东	四川	北京	福建	辽宁	安徽	重庆	海南	湖北
TEU	10652	3672	2470	2372	1773	1087	648	613	590	557

图 4-14　2015 年全国公路集装箱运输车总计标箱数前 10 位的省（直辖市）

第七节　货运场站建设及运营

一、站场建设

2015 年，全国汽车货运站建设共完成投资 121.8 亿元，同比增加了 7.0%，其中政府投资 16.3 亿元，占投资总额的 13.4%。截至 2015 年年底，全国共有汽车货运站场 2928 个，同比减少 196 个。其中一级货运站 252 个，同比减少 5 个；二级货运站 260 个，同比减少 10 个；三级货运站 523 个，同比减少 40 个；四级货运站 1893 个，同比减少 141 个。2011—2015 年全国货运站数量等级变化情况见图 4-15。

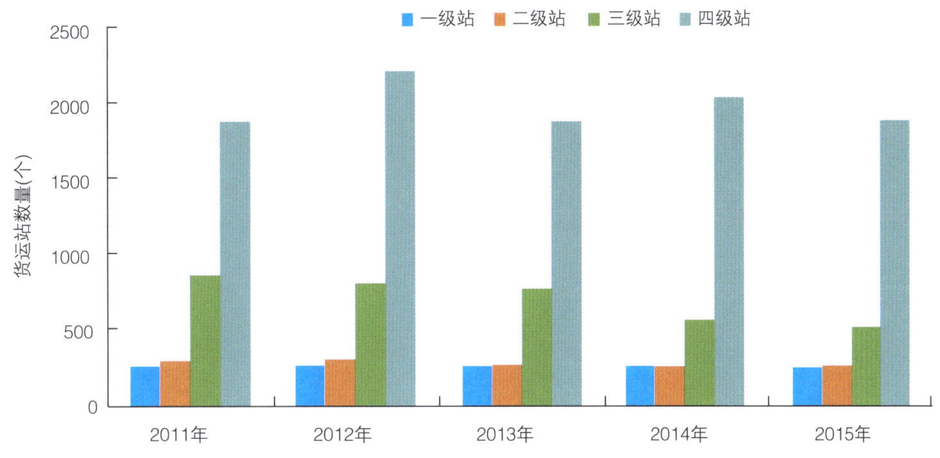

图 4-15 2011—2015 年全国等级货运站数量变化情况

2015 年，东部地区有 1884 个等级货运站，同比减少 149 个，占全国等级货运站总数的 64.3%，同比减少 0.8 个百分点，其中一级站 175 个，占全国一级站总数的 69.4%，同比减少 2.6 个百分点；中部地区有 501 个等级货运站，占全国等级货运站总数的 17.1%，同比减少 1.9 个百分点，其中一级站 42 个，占全国一级站总数的 16.7%，同比减少 2.4 个百分点；西部地区有 543 个等级货运站，占全国等级货运站总数的 18.5%，同比增加 2.6 个百分点，其中一级站 33 个，占全国一级站总数的 13.1%，同比增加 4.2 个百分点。中西部地区货运站场的建设情况较 2014 年发展明显，东部地区仍好于中、西部地区。2015 年全国不同等级货运站地区分布情况见图 4-16。

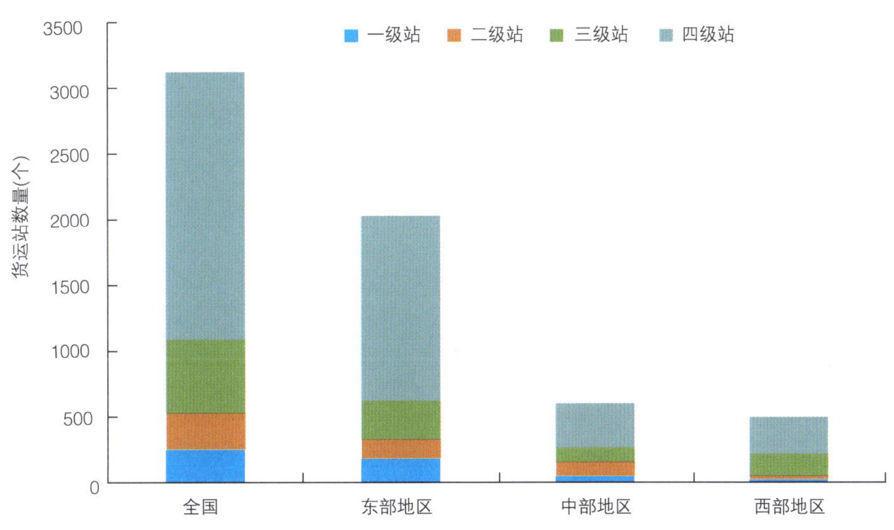

图 4-16 2015 年全国不同等级货运站地区分布情况

二、站场经营

2015 年，全国共有道路货运站经营业户 2928 户，同比减少 6.3%，货运站场从业人员 8.4 万人，同比减少 2.8%。货运站经营业户及从业人员主要分布在东部地区。2015 年全国道路货运站经营业户及从业人员地区分布情况见表 4-6。

2015 年全国道路货运站经营业户及从业人员地区分布情况 表 4-6

地区 \ 数量	业户数（户）	比例（%）	从业人员（人）	比例（%）
东部	1884	64.3	58499	69.8
中部	501	17.1	13913	16.6
西部	543	18.6	11391	13.6
合计	2928	100	83812	100

2015 年，全国汽车货运站完成了大量的普通货运配载、快速专线货运、零担运输组织及集装箱拆拼箱业务，平均日换算货物吞吐量达 346 万吨，其中一级站完成 117 万吨，占总量的 33.8%。

第八节 货运相关服务

2011—2015 年，全国主要道路货运相关服务经营业户发展情况见表 4-7。

2011—2015 年道路货运相关服务经营业户发展情况（单位：户） 表 4-7

年份（年）	物流服务	货运代办	信息配载
2011	17276	33725	22369
2012	18145	34498	23246
2013	19513	33024	23900
2014	20218	34424	26137
2015	19622	33500	22121

东部地区物流服务、货运代办和信息配载经营业户比例为全国最高，分别达到 45.1%、64.5% 和 46.8%，同比分别降低 1.7 个百分点、增加 2.1 个百分点和降低 3.3 个百分点。2015 年各地道路货运相关服务经营业户分布情况见表 4-8。

2015年各地道路货运相关服务经营业户分布情况 表4-8

地区 \ 数量	物流服务（户）	比例（%）	货运代办（户）	比例（%）	信息配载（户）	比例（%）
东部地区	8855	45.1	21606	64.5	10350	46.3
中部地区	6183	31.5	6718	20.1	7876	35.6
西部地区	4584	23.4	5176	15.5	3995	18.1
合计	19622	100	33500	100	22121	100

第五章　机动车维修与检测、驾驶员培训及汽车租赁

2015 年，机动车维修与检测、驾驶员培训及汽车租赁行业围绕提升服务质量继续深化改革，创新型服务模式不断涌现，行业治理水平继续提升，百姓便利化水平和市场满意度不断提高。

第一节　机动车维修与检测

一、机动车维修

1. 机动车维修完成情况

2015 年，我国机动车维修行业共完成维修量 34400.1 万辆次，同比下降了 380.6 万辆次，近年来首次出现了下滑，降幅为 1.1%。2011—2015 年全国机动车维修业务量及增长率变化情况见图 5-1。

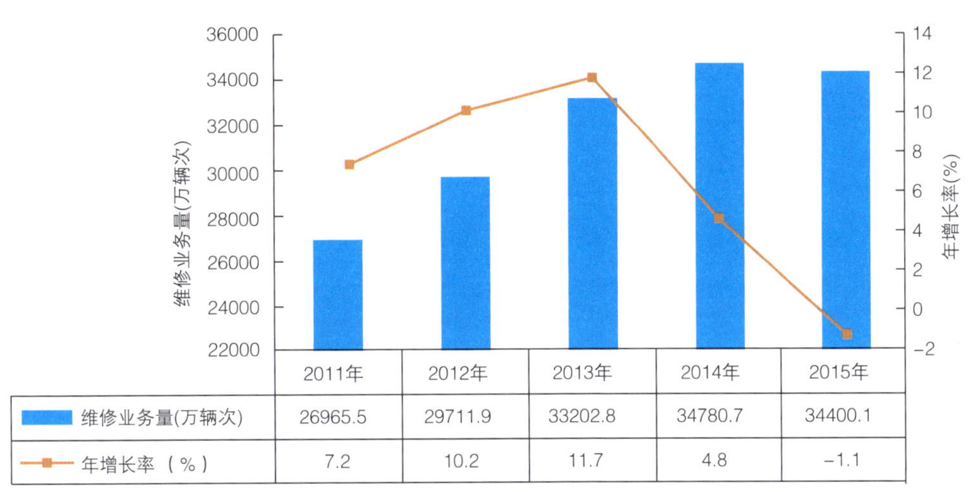

	2011年	2012年	2013年	2014年	2015年
维修业务量(万辆次)	26965.5	29711.9	33202.8	34780.7	34400.1
年增长率（%）	7.2	10.2	11.7	4.8	-1.1

图 5-1　2011—2015 年全国机动车维修业务量及增长率变化情况

从完成的业务类型看，专项修理依然是主要维修业务，全年完成维修 24566.0 万辆次，占全部维修量的 71.4%，同比增长 0.6%；二级维护增长相对迅速，二级维护 4738.7 万辆次，增速为 1.7%。其他业务均有所下滑，总成修理 898.7 万辆次，同比下降 2.1%；整车修理 466.6 万辆次，同比下降 1.9%；维修救援 455.6 万辆次，同比下降 0.7%。2014—2015 年我国机动车维修业务完成量对比情况见图 5-2。

2. 机动车维修经营业户

（1）经营业户规模及构成。截至 2015 年年底，全国共有机动车维修经营业户 45.9 万户，同比减少 0.3 万户，降幅为 0.5%。其中，三类汽车维修业户仍然是我国机动车维修业的主体，比例比 2014 年进一步扩大，占比达 66.6%；摩托车维修业户数量则继续下降，降幅为 5.1%。2011—2015 年我国机动车维修经营业户发展情况见表 5-1。

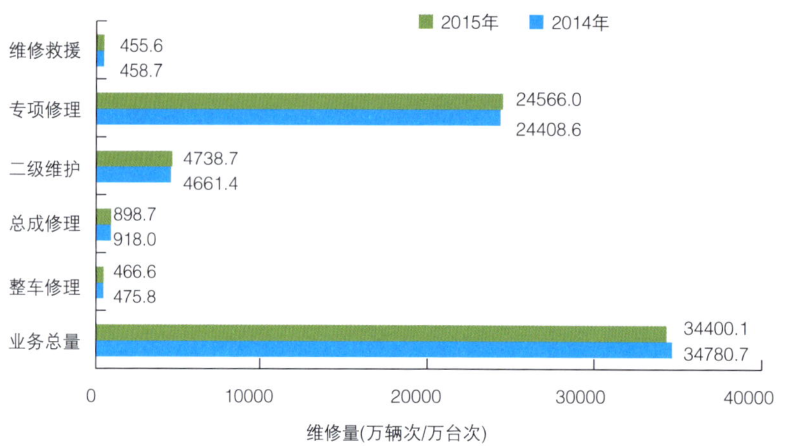

图 5-2　2014—2015 年我国机动车维修主要业务完成情况

2011—2015 年我国机动车维修经营业户发展情况　　表 5-1

指标 \ 年份		2011 年	2012 年	2013 年	2014 年	2015 年
机动车维修经营业户数（万户）		42.2	44.1	44.7	46.2	45.9
维修业户分类	一类汽车维修业户（万户）	1.3	1.3	1.4	1.4	1.5
	二类汽车维修业户（万户）	6.1	6.4	6.8	7.1	7.2
	三类汽车维修业户（万户）	26.4	28.2	29.2	30.6	30.6
	摩托车维修业户（万户）	8.2	7.7	7.2	6.7	6.4

2015 年，虽然维修业户数量和维修业务量均呈现下降趋势，但是我国机动车维修行业的集中发展趋势却更加明显。一类、二类汽车维修经营业户分别为 1.5 万户、7.2 万户，同比增幅分别为 2.8% 和 1.8%，三类汽车维修经营业户基本与 2014 年持平。2015 年，平均每户机动车维修经营者完成维修量达 749.0 辆次，同比下降 0.3%。2011—2015 年我国平均每户机动车维修完成情况见表 5-2。

2011—2015 年我国平均每户机动车维修完成情况　　表 5-2

年份（年）	维修业户数（万户）	维修量[亿辆（台）次]	平均每户维修量[辆（台）次/户]
2011	42.2	2.7	639.5
2012	44.1	3.0	680.3
2013	44.7	3.3	737.8
2014	46.2	3.5	751.4
2015	45.9	3.4	749.0

（2）地区分布。从地区分布来看，2015 年我国机动车维修业户依然主要集中在东部地区，占比达到 39.8%，同比下降了 0.5 个百分点；其次分别是西部地区和中部地区，占比分别为 36.1% 和 24.1%。不同类型的机动车维修业户的地区分布呈现不同的特点：二类维修业户在东、中、西部的数量分别占全国总数的 47.5%、24.0% 和 28.5%；三类维修业户的分布相对均匀，东、中、西部的数量分别占全国总数的 37.6%、23.9% 和 38.5%。不同类型机动车维修业户地区分布情况见表 5-3。

不同类型机动车维修业户地区分布情况 **表 5-3**

地区 / 类别	东部地区		中部地区		西部地区	
	业户数（户）	比例（%）	业户数（户）	比例（%）	业户数（户）	比例（%）
一类	7203	49.0	4156	28.3	3337	22.7
二类	34108	47.5	17277	24.0	20480	28.5
三类	114971	37.6	73089	23.9	117704	38.5
合计	156282	39.8	94522	24.1	141521	36.1

3. 机动车维修行业管理

（1）政策及标准。2015 年，交通运输部积极推动落实《关于促进汽车维修业转型升级 提升服务质量的指导意见》（交运发〔2014〕186 号），采取一系列具体举措，推动维修行业向连锁化、规模化、专业化、品牌化方向发展，提升服务经济社会发展的能力和水平。交通运输部办公厅印发了《关于印发〈2015 年及“十三五期”促进汽车维修业转型升级 提升服务质量的重点工作任务分解表〉的通知》（交办运〔2015〕29 号），明确了 14 项重点工作任务及其任务分工和工作进度要求。交通运输部会同环保部等八部委联合发布《汽车维修技术信息公开实施管理办法》（交运发〔2015〕146 号），自 2016 年 1 月 1 日起实施，明确汽车生产者应采用网上信息公开方式，公开所销售汽车车型的维修技术信息。该管理办法的颁布标志着我国汽车维修技术信息公开制度正式建立，并进入实施阶段。交通运输部颁布了《交通运输部关于修改〈机动车维修管理规定〉的决定》（交通运输部令 2015 年第 17 号），对《机动车维修管理规定》（交通部令 2005 年第 7 号）做出了修改，新规定自 2015 年 8 月 8 日起施行。

（2）地方典型经验。2015 年，机动车维修行业积极贯彻落实《国务院关于积极推进“互联网 +”行动的指导意见》（国发〔2015〕40 号），江苏无锡、张家港开展汽车电子健康档案系统建设探索，为在全国范围内完善汽车电子健康档案系统建设积累了一定的经验。

专栏 5-1 地方典型经验汇总

无锡机动车维修管理信息系统的建设总体思路是“服务民生、保障安全、提升管理”，在汽车电子健康档案的建设方面，目前有两项举措：一是非营运车辆电子维修记录，由维修企业上传至“无锡修车网”（网址：www.wxqxw.cn），供广大用户上网查询，目前已实现 158 家乘用车维修企业及 4S 店的维修记录可查询，已有 194 家营运车辆维修企业接入营运车辆电子档案平台。二是营运车辆维修过程记录，目前正在使用的“机动车维修质量管理信息平台”，是对营运车辆维修过程的动态监管系统，以此为基础逐步建立营运车辆的电子健康档案。

——资料来源：交通运输部网站

二、汽车综合性能检测

2015年，我国共有汽车综合性能检测站2524个，同比增长8.3%；完成检测总量3267.0万辆次，同比下降0.6%。汽车综合性能检测站在车辆维修竣工检测、维修质量监督检测、等级评定检测等方面的检测次数与2014年相比均有所下降，其中降幅最为明显的是等级评定检测，降幅为3.8%，其他检测、质量仲裁检测和排放检测则保持快速增长势头。2011—2015年我国汽车综合性能检测完成情况见表5-4。

2011—2015年我国汽车综合性能检测完成情况 **表5-4**

年份（年）	检测站（个）	检测总量（万辆次）						
		合计	维修竣工检测（万辆次）	维修质量监督检测（万辆次）	等级评定检测（万辆次）	其他检测（万辆次）	质量仲裁检测（万辆次）	排放检测（万辆次）
2011	2061	2702.8	1450.1	70.4	965.4	260.9	6.1	171.3
2012	2080	2891.4	1541.3	75.3	1036.0	283.0	0.9	180.8
2013	2180	3114.1	1658.3	79.4	1082.6	329.5	1.3	216.6
2014	2330	3287.7	1794.2	77.8	1116.1	316.9	1.2	221.1
2015	2524	3267.0	1767.1	75.4	1074.0	367.7	1.5	253.7

截至2015年年末，我国东部地区的汽车综合性能检测站数量和检测完成量分别占全国总量的35.0%和46.6%，检测站数量和检测完成量占比同比有所下降。东、中、西部地区汽车综合性能检测站数量最多的省份依然是河北省、黑龙江省和新疆维吾尔自治区。2015年我国东、中、西部地区汽车综合性能检测站数量及检测总量分布情况见表5-5。

2015年我国汽车综合性能检测站相关情况地区分布情况 **表5-5**

项目	东部地区		中部地区		西部地区	
	检测站数量（个）	检测完成量（万辆次）	检测站数量（个）	检测完成量（万辆次）	检测站数量（个）	检测完成量（万辆次）
总计	884	15212807	792	10166173	848	7291127
比例（%）	35.0	46.6	31.4	31.1	33.6	22.3

各地区列前5位省（自治区、直辖市）

序号	省（自治区、直辖市）	检测站数量（个）	省（自治区、直辖市）	检测站数量（个）	省（自治区、直辖市）	检测站数量（个）
1	河北	207	黑龙江	125	新疆	160
2	山东	152	山西	119	四川	132
3	广东	139	湖南	112	贵州	110
4	江苏	94	河南	106	云南	104
5	浙江	78	吉林	86	广西	82

第二节 机动车驾驶员培训

一、机动车驾驶员培训业务发展

2015 年，我国共完成机动车驾驶员培训 2624.9 万人次，同比增加 5.0%；其中培训合格的达 2225.5 万人次，同比增加 5.3%，合格率为 84.8%，同比增加了 0.3 个百分点。度过新交规实施的适应期后，无论是机动车驾驶员培训人数还是合格率，均有一定程度的上升。完成道路运输从业资格培训 261.2 万人次，同比增加了 8.7 万人。2011—2015 年我国机动车驾驶员培训完成情况见图 5-3。

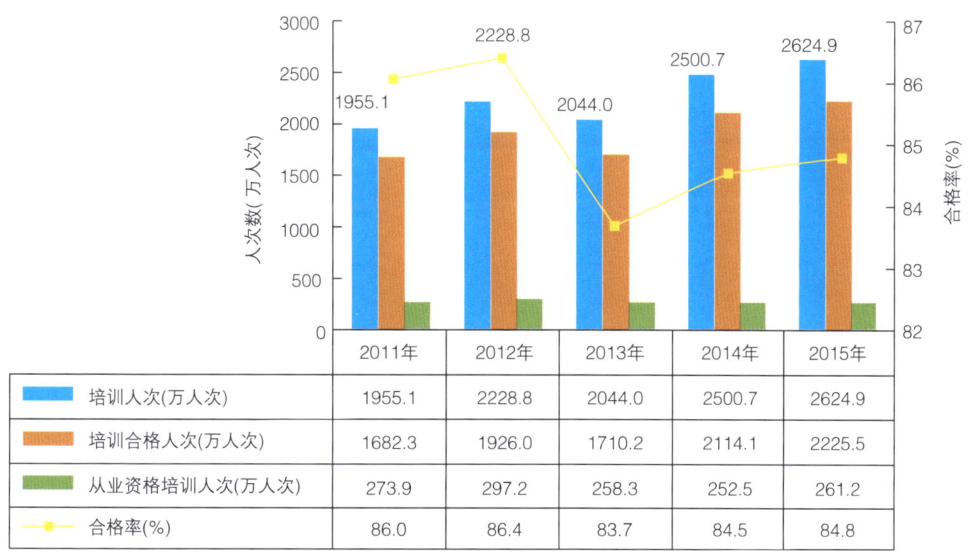

	2011年	2012年	2013年	2014年	2015年
培训人次(万人次)	1955.1	2228.8	2044.0	2500.7	2624.9
培训合格人次(万人次)	1682.3	1926.0	1710.2	2114.1	2225.5
从业资格培训人次(万人次)	273.9	297.2	258.3	252.5	261.2
合格率(%)	86.0	86.4	83.7	84.5	84.8

图 5-3 2011—2015 年我国机动车驾驶员培训完成情况

截至 2015 年，我国残疾人驾驶员培训业户为 304 户，同比减少 5 户；培训合格残疾人驾驶员 5168 人次，同比增加 3.0%。

二、市场构成

1. 培训机构

(1) 规模及类型。2015 年，全国共有机动车驾驶员培训业户 15108 户，同比增加 1325 户，增幅为 9.6%。2011—2015 年全国机动车驾驶员培训机构数量及增长率见图 5-4。

从类型来看，普通机动车驾驶员培训业户从以前的以二级类型为主转变为以三级类型为主，比例为 47.4%；三级普通机动车驾驶员培训业户增长迅速，增长率达 34.2%，一级和二级普通机动车驾驶员培训业户呈现减少趋势，降幅为 6.7% 和 6.5%。2011—2015 年我国机动车驾驶员培训业户类型及数量变化情况见表 5-6。

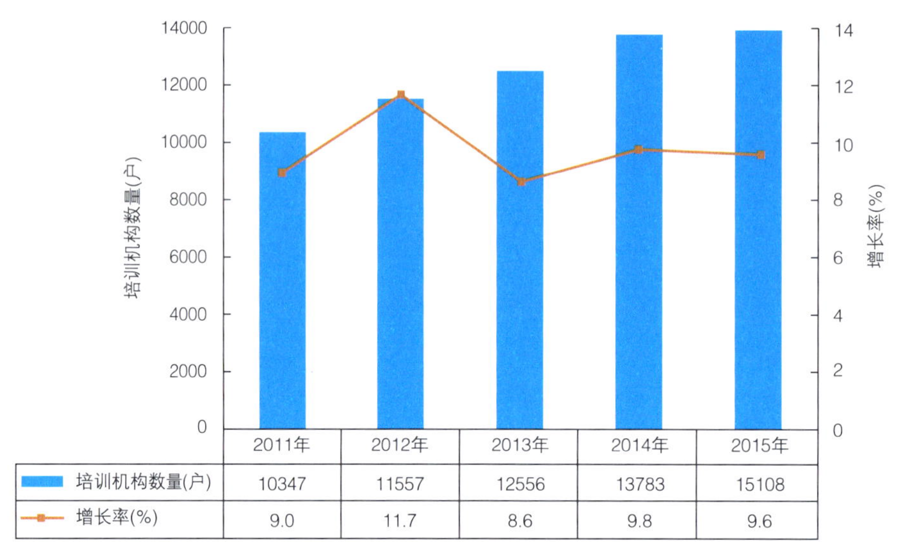

图 5-4 2011—2015 年我国机动车驾驶员培训机构数量及增长率

2011—2015 年我国机动车驾驶员培训业户类型及数量变化情况（单位：户） **表 5-6**

类型				2011 年	2012 年	2013 年	2014 年	2015 年
机动车驾驶员培训业户		总计		10347	11557	12556	13783	15108
其中	普通机动车驾驶员培训	合计		10202	11403	12408	13631	14912
		其中	一级	1390	1585	1796	2044	1908
			二级	4808	5480	5913	6249	5842
			三级	4004	4338	4699	5338	7162
	道路运输驾驶员从业资格培训	合计		2130	2046	2100	2120	2093
		其中	客货运输	2013	1951	2010	2032	2008
			危险货物运输	399	398	402	380	419
	机动车驾驶员培训教练场经营			626	404	461	525	531
	残疾人驾驶员培训			271	271	279	309	304

2015 年，机动车驾驶员培训行业规模化经营继续深入推进，全国机动车驾驶员培训机构户均拥有教学车辆为 45 辆，同比增加 1.4 辆，同比增长了 3.2%，其中有 15 个省（自治区、直辖市）户均拥有的教学车辆数超过全国平均水平。2015 年，全国机动车驾驶员培训机构户均拥有教学车辆数量情况见图 5-5。

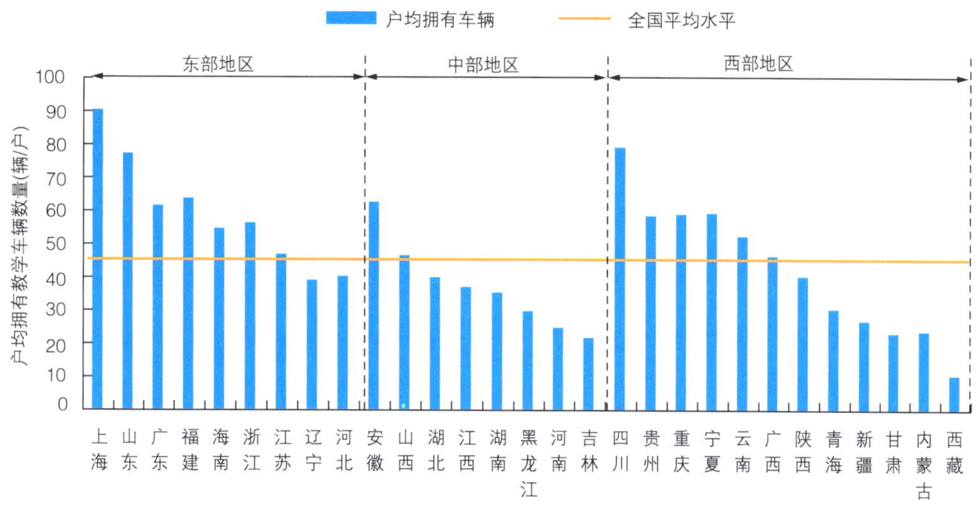

图 5-5　2015 年全国机动车驾驶员培训机构户均拥有教学车辆数量情况

（2）地区分布。与 2014 年相比，2015 年我国机动车驾驶员培训经营业户的分布更加均衡，东部地区培训机构所占比例为 35.7%，同比下降 0.9 个百分点；中部地区培训机构所占比例为 34.4%，同比增加 1.4 个百分点。其中，一级普通机动车驾驶员培训机构在东部地区更加集中，比例达 48.0%。2015 年我国不同类型的机动车驾驶员培训机构东、中、西部地区的具体分布情况见表 5-7。2015 年我国东、中、西部地区机动车驾驶员培训机构数量列前 5 位的省（自治区、直辖市）见表 5-8。

2015 年我国东、中、西部地区机动车驾驶员培训机构分布具体情况　　　表 5-7

<table>
<tr><th colspan="3" rowspan="2">类　型</th><th colspan="2">东部地区</th><th colspan="2">中部地区</th><th colspan="2">西部地区</th></tr>
<tr><th>数量（户）</th><th>比例（%）</th><th>数量（户）</th><th>比例（%）</th><th>数量（户）</th><th>比例（%）</th></tr>
<tr><td colspan="3">培训机构</td><td>5388</td><td>35.7</td><td>5195</td><td>34.4</td><td>4525</td><td>29.9</td></tr>
<tr><td rowspan="7">其中</td><td rowspan="4">普通机动车驾驶员培训</td><td>合计</td><td>5276</td><td>35.4</td><td>5166</td><td>34.6</td><td>4470</td><td>30.0</td></tr>
<tr><td>一级</td><td>916</td><td>48.0</td><td>415</td><td>21.8</td><td>577</td><td>30.2</td></tr>
<tr><td>二级</td><td>2022</td><td>34.6</td><td>1829</td><td>31.3</td><td>1991</td><td>34.1</td></tr>
<tr><td>三级</td><td>2338</td><td>32.6</td><td>2922</td><td>40.8</td><td>1902</td><td>26.6</td></tr>
<tr><td colspan="2">道路运输驾驶员从业资格培训</td><td>570</td><td>27.2</td><td>781</td><td>37.3</td><td>742</td><td>35.5</td></tr>
<tr><td colspan="2">机动车驾驶员培训教练场经营</td><td>191</td><td>36.0</td><td>129</td><td>24.3</td><td>211</td><td>39.7</td></tr>
<tr><td colspan="2">残疾人驾驶员培训</td><td>91</td><td>29.9</td><td>86</td><td>28.3</td><td>127</td><td>41.8</td></tr>
</table>

2015 年我国东、中、西部地区机动车驾驶员培训机构数量列前 5 位的省（自治区、直辖市） **表 5-8**

<table>
<tr><th rowspan="2">序号</th><th colspan="3">东部地区</th><th colspan="3">中部地区</th><th colspan="3">西部地区</th></tr>
<tr><th>省(自治区、直辖市)</th><th>培训机构(户)</th><th>培训人次(万人次)</th><th>省(自治区、直辖市)</th><th>培训机构(户)</th><th>培训人次(万人次)</th><th>省(自治区、直辖市)</th><th>培训机构(户)</th><th>培训人次(万人次)</th></tr>
<tr><td>1</td><td>河 北</td><td>922</td><td>108.5</td><td>河 南</td><td>1482</td><td>144.1</td><td>内蒙古</td><td>609</td><td>43.9</td></tr>
<tr><td>2</td><td>广 东</td><td>856</td><td>234.8</td><td>湖 南</td><td>870</td><td>139.0</td><td>广 西</td><td>536</td><td>74.8</td></tr>
<tr><td>3</td><td>江 苏</td><td>797</td><td>227.9</td><td>湖 北</td><td>580</td><td>98.3</td><td>云 南</td><td>517</td><td>85.4</td></tr>
<tr><td>4</td><td>浙 江</td><td>794</td><td>177.3</td><td>吉 林</td><td>571</td><td>49.6</td><td>四 川</td><td>516</td><td>190.6</td></tr>
<tr><td>5</td><td>山 东</td><td>675</td><td>220.2</td><td>江 西</td><td>557</td><td>220.2</td><td>新 疆</td><td>509</td><td>44.3</td></tr>
</table>

2. 从业人员

2015 年，我国共有机动车驾驶教练员 81.9 万人，同比增长 13.0%，继续保持高速增长势头。其中，理论教练员、驾驶操作教练员分别为 5.8 万人、74.7 万人，分别同比增长了 19.7%、12.4%；危险货物运输驾驶员培训教练员人数为 1610 人，比 2014 年下降 20.3%，道路客货运输驾驶员从业资格培训教练员人数为 10158 人，比 2014 年下降 3.0%。2015 年我国东、中、西部地区机动车驾驶员培训从业人员分布情况见表 5-9。

2015 年我国东、中、西部地区机动车驾驶员培训从业人员分布情况 **表 5-9**

<table>
<tr><th colspan="2">地区分布</th><th colspan="2">东 部</th><th colspan="2">中 部</th><th colspan="2">西 部</th></tr>
<tr><th colspan="2">从业人员类型</th><th>数量</th><th>比例（%）</th><th>数量</th><th>比例（%）</th><th>数量</th><th>比例（%）</th></tr>
<tr><td colspan="2">教练员（万人）</td><td>37.6</td><td>46.0</td><td>20.6</td><td>25.2</td><td>23.6</td><td>28.8</td></tr>
<tr><td rowspan="4">其中</td><td>理论教练员（万人）</td><td>2.1</td><td>36.2</td><td>1.6</td><td>27.6</td><td>2.1</td><td>36.2</td></tr>
<tr><td>驾驶操作教练员（万人）</td><td>35.4</td><td>47.5</td><td>18.5</td><td>24.8</td><td>20.7</td><td>27.7</td></tr>
<tr><td>道路客货运输驾驶员从业资格培训教练员（人）</td><td>2730</td><td>26.9</td><td>3595</td><td>35.4</td><td>3833</td><td>37.7</td></tr>
<tr><td>危险货物运输驾驶员从业资格培训教练员（人）</td><td>390</td><td>24.2</td><td>521</td><td>32.4</td><td>699</td><td>43.4</td></tr>
</table>

3. 教学车辆及装备

2015 年，全国拥有机动车驾驶员培训教学车辆 68 万辆，同比增长 13.2%。从设备的构成来看，仍然以小型汽车和大型货车为主，二者所占的比例分别为 90.0% 和 6.4%。其中，大型客车 4774 辆，同比减少 6.8%；通用货车半挂车（牵引车）3432 辆，同比减少 2.8%；城市公交车 1275 辆，同比增加 5.6%；中型客车 1910 辆，基本与 2014 年持平；大型货车 4.3 万辆，同比减少 14.0%；小型汽车 61.2 万辆，同比增长 17.6%；低速汽车 2459 辆，同比减少 63.3%；摩托车 7467 辆，同比减少 10.7%；残疾人教学车辆 1123 辆，同比增长 113.5%。2015 年，全国继续加大机动车驾驶模拟器推广应用，共有机动车驾驶模拟器 86036 台，同比增长 24.7%。

三、机动车驾驶员培训管理

1. 政策及标准

2015 年 11 月，国务院办公厅以国办发〔2015〕88 号转发公安部、交通运输部《关于推进机动车驾驶人培训考试制度改革的意见》。该意见根据国务院深化简政放权的改革要求，按照促进驾驶培训市场开放竞争、驾驶考试公平公正、服务管理便捷高效的指导思想，对驾考报名、驾校教学、驾照补办等流程均作了重大修改：实行驾驶人分类教育培训，推行大型客货车专业化驾驶培训；改变驾驶培训机构一次性预收全部培训费用的模式，推行计时培训计时收费、先培训后付费的服务措施；在有条件的地方，试点非经营性的小型汽车驾驶人自学直考；实行自主报考，建立统一的考试预约服务平台，提供互联网、电话、窗口等多种报考方式；严格违规考试责任追究，凡是驾驶人取得驾驶证后三年内发生交通死亡事故并负主要以上责任的，倒查考试发证过程。

交通运输部联合中华全国总工会共同开展了“寻找爱岗敬业驾驶员、汽修工楷模活动”，评选出 142 名爱岗敬业驾驶员、81 名爱岗敬业汽修工。交通运输部办公厅印发了《关于进一步规范道路运输从业人员管理和服务有关事项的通知》（交办运〔2015〕91 号），解决了一批道路运输从业人员反映强烈的突出问题，进一步改善了道路运输从业环境。国家安监总局、交通运输部和公安部共同开展了驾驶员安全承诺和安全教育活动，进一步落实道路客运企业安全生产主体责任，强化驾驶员安全意识和职业责任感。

2. 地方典型经验

2015 年，地方主管部门积极贯彻《关于推进机动车驾驶人培训考试制度改革的意见》（国办发〔2015〕88 号），积极提高机动车驾驶人培训考试工作服务管理水平，推进驾驶人培训考试制度改革。

（1）大客车驾驶人职业教育试点工作。按照《关于开展大客车驾驶人职业教育试点工作的通知》的有关要求，在交通运输部的牵头下，大客车驾驶人职业教育试点工作已在云南、江苏、安徽三省深入开展。伴随着试点省份职业院校大客车驾驶员专业、“大客车司机班”的招生和教学，试点省份已为全国大客车驾驶人职业教育探索出一些宝贵的经验。云南、江苏等省试点工作已实现两方面的突破：一是招生对象即可直接参加大客车驾驶考试的对象，其驾驶经历有所放宽，不再要求具有取得驾驶中型客车或大型货车准驾车型资格 5 年以上，或者取得驾驶牵引车准驾车型资格 2 年以上的经历；二是报考年龄限制放宽，由此前规定的 26 周岁改为 18 周岁即可报考；三是取消了申请增驾大型客车只能在户籍所在地提出申请的限制。

专栏 5-2　大客车驾驶人职业教育试点工作经验汇总

江苏省成立协调小组，及时确定首批两所试点学校；组织制定《江苏省职业院校大型客车驾驶培训教练员资格认定方案》，为试点学校专门组织教练员培训和考试，目前有 19 人参加培训，经考核合格 9 人；公安车管部门及时为试点院校 10 辆教学车辆核发教练车牌照，道路运输管理部门发放道路运输证。

安徽省把校企合作作为试点工作的重要内容，研究制订符合安徽省实际的可行方案。安徽交通职业技术学院正积极与相关企业一起制订人才培养方案，培养方案突出“学历 + 技能”，毕业学员具有交通运输管理大专（高职）毕业证书 + 大客车驾驶执照、汽车维修类大专（高职）毕业证书 + 大客车驾驶执照。

云南省实行“订单式”培养，云南交通技师学院迎来首批 67 名定制化培养的“大型客车驾驶员专业”新生。从 2014 年开始，云南籍学生学习期间，每人每年可获得省财政给予的 2000 元学费补助。昆明市公安局大型客货车考试基地正在云南交通技师学院抓紧建设，建成后每年可容纳 5 万人培训和考试。

——资料来源：交通运输部网站

(2) 推广“自学直考”模式。2015 年 7 月起，浙江省各市开通机动车驾驶人考试互联网预约平台，定期公布考试计划，取消考试名额分配。符合科目二（场考）和科目三（路考）考试条件的申请人，可以通过互联网直接预约考试，自主选择考试场地和考试时间。同时，交警部门还将下放考试权限至县（市、区），提供各考试科目就近考试服务。宁波运管部门和交警部门积极制订改革自学直考试点方案，对怎么学、怎么考、谁来教、上哪儿练车等关键问题进行了细化。

第三节　汽车租赁

随着我国经济社会的快速发展，城市内和城乡间商务出行、休闲旅游、通勤交通等活动日益频繁，汽车租赁行业发展迅猛，无论是汽车租赁业户还是租赁车辆均呈现快速增长势头。

一、行业发展概况

1. 市场构成

(1) 业户规模及结构。2015 年，全国共有汽车租赁业户 5463 户，同比增长 32.0%，继续保持快速增长势头。从结构来看，各类规模的租赁业户数量均呈现快速上升趋势：拥有 10 辆以下车辆的租赁业户数量为 3440 户，同比增长了 35.8%；10 ~ 49 辆企业 1571 户，同比增加了 20.7%；50 ~ 100 辆企业 237 户，同比增加了 94.3%；101 ~ 300 辆企业 142 户，同比增加了 13.6%；拥有 300 辆以上车辆数的企业 73 户，同比增加了 30.4%。2014—2015 年汽车租赁业户对比情况如图 5-6 所示。

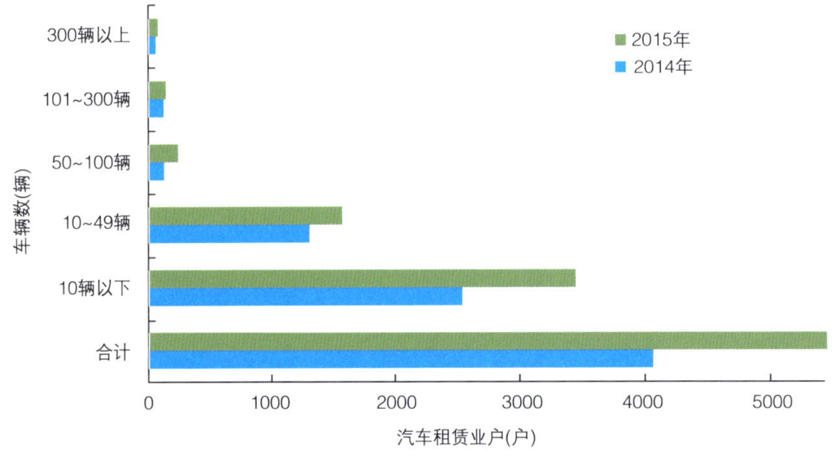

图 5-6　2014—2015 年汽车租赁业户对比情况

2015 年，全国汽车租赁业户的平均规模继续提高，户均拥有租赁车辆 27.8 辆，同比 2014 年增加了 3.2 辆。但整体上看，汽车租赁行业仍以小企业为主，拥有车辆数在 10 辆以下的企业占比 63.0%，同比增加了 1.8 个百分点；全国 91.7% 的汽车租赁业户拥有车辆数不足 50 辆，同比下降了 1 个百分点；拥有 300 辆以上车辆数的企业仅占比 1.3%，比去年下降了 0.1 个百分点。2015 年全国汽车租赁业户车辆规模构成情况见图 5-7。

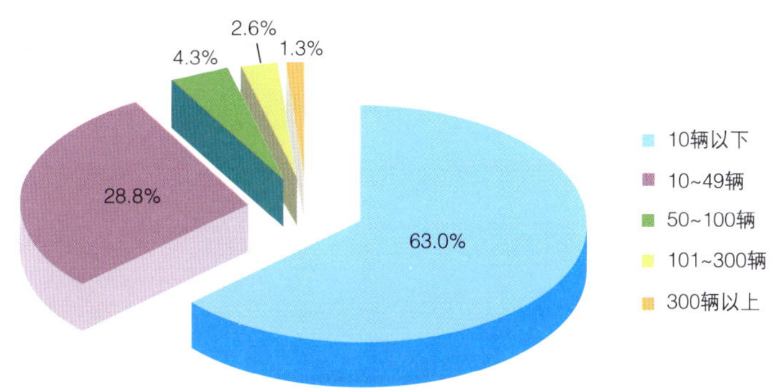

图 5-7　2015 年全国汽车租赁业户车辆规模构成情况

（2）地区分布。2015 年，我国汽车租赁业户依然集中在东部地区。东部地区拥有汽车租赁业户 2972 户，占全国总量的 54.4%，同比上升了 5.3 个百分点，其中拥有 300 辆以上车辆数的业户几乎全部集中在东部地区。西部地区汽车租赁行业市场结构以中小企业为主，拥有车辆数在 10 辆以下的业户有 1675 户，占西部地区租赁用户的 79.7%。2015 年我国东、中、西部地区汽车租赁企业分布具体情况见表 5-10。

2015 年我国东、中、西部地区汽车租赁企业分布情况　　表 5-10

汽车租赁业户		东部地区		中部地区		西部地区	
		数量（户）	比例（%）	数量（户）	比例（%）	数量（户）	比例（%）
总量（户）		2972	54.4	389	7.1	2102	38.5
其中	300 辆以上	71	98.6	0	0.0	1	1.4
	10 辆以下	1602	46.6	163	4.7	1675	48.7

2. 租赁车辆

2015 年，全国拥有租赁车辆 152026 辆，比 2014 年增加了 49.1%。其中租赁客车 151587 辆，较 2014 年增加了 49.3%；租赁货车 439 辆，较 2014 年增长了 6.6%。全国租赁车辆车型结构以客车为主，客车占全部租赁车辆的 99.7%。从客车车型结构来看，以小型客车为主。其中，5 座及以下 124805 辆，占总数的 82.3%；6~10 座 22894 辆，占总数的 15.1%；10 座以上 3888 辆，占总数的 2.6%。

2015 年，我国租赁车辆主要分布在东部地区，为 133182 辆，占全国总量的 87.6%，同比增长 2.0 个百分点；西部地区租赁车辆为 14027 辆，占全国总量的 9.2%。东、中、西部地区汽车租赁车辆分布情况见表 5-11。

2015 年我国东、中、西部地区汽车租赁车辆分布情况 **表 5-11**

租赁车辆（辆）		东部地区		中部地区		西部地区	
		数量	比例（%）	数量	比例（%）	数量	比例（%）
总量		133182	87.6	4817	3.2	14027	9.2
其中	客车	132917	87.7	4817	3.2	13853	9.1
	货车	265	60.4	0	0	174	39.6

二、行业管理

为鼓励汽车租赁行业加快发展，创造良好的行业发展环境，宁波运管局下发了《关于汽车租赁经营备案管理有关事项的通知》，自 2015 年 2 月起将对市三区的汽车租赁经营业户实行备案管理。银川市运管局按照定人员、定职责、定任务的“三定”原则规范租赁业户经营行为，从提高工作效率入手，将辖区的租赁客运企业按片区划分给现有的四个客运汽车站驻站办公室管理。北京市发布了新版的《北京市汽车租赁合同》，针对容易引发纠纷的环节，新增了“租赁车辆”、“租赁车辆的用途”、“租赁期限”、“租车手续及车辆交接”、“交通违法行为处理”、“保险与事故处理”等条款和内容。杭州市开展了“2015 年度汽车租赁行业规范年活动”，通过开展全面实施信誉考核制度、力求深化行业监管能力、切实履行安全管理职责、开展行业评先创优活动等四个方面重点工作，着力规范市场经营秩序和提升行业服务水平，推进汽车租赁行业治理能力法治化，努力实现“便捷租赁”的工作目标。

第六章 国际道路运输

2015 年，道路运输行业积极响应国家“一带一路”战略，不断加强与有关国家的双边交通合作，推进国际运输便利化发展，国际道路运输取得新成绩。

第一节 国际道路运输概况

一、国际道路运输量

2015 年，我国与周边国家共完成国际道路客运量 712.9 万人次，同比增加 6.3%，旅客周转量约 4.7 亿人公里，同比减少 0.8%；完成国际道路货物运输量 3746.8 万吨，同比减少约 5.3%，货物周转量 24.7 亿吨公里，同比减少约 9.6%。2011—2015 年全国国际道路客货运输量及中方所占比例情况见图 6-1 和图 6-2。

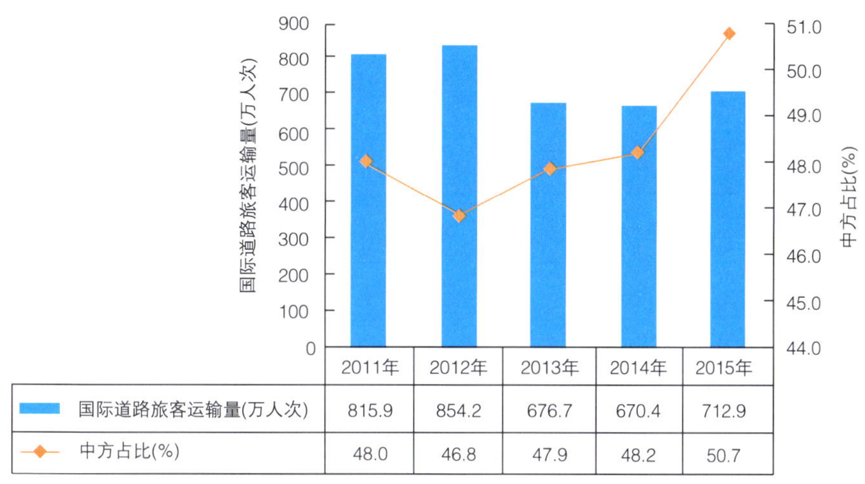

	2011年	2012年	2013年	2014年	2015年
国际道路旅客运输量(万人次)	815.9	854.2	676.7	670.4	712.9
中方占比(%)	48.0	46.8	47.9	48.2	50.7

图 6-1 2011—2015 年全国国际道路运输客运量及中方所占比例情况

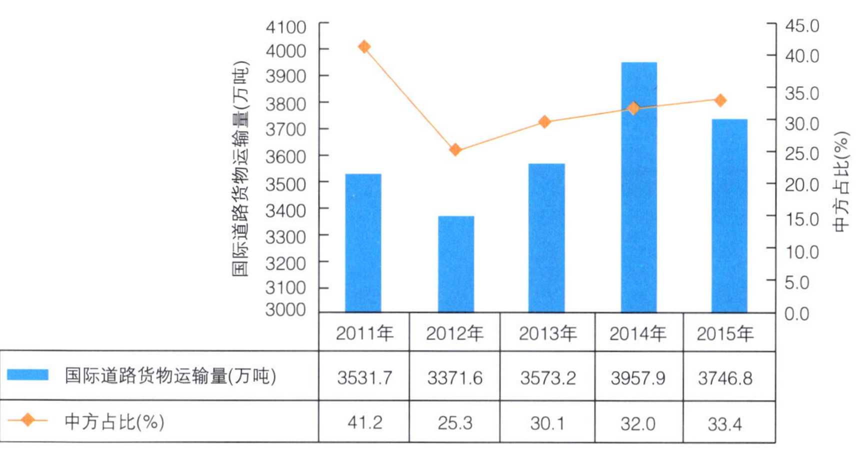

	2011年	2012年	2013年	2014年	2015年
国际道路货物运输量(万吨)	3531.7	3371.6	3573.2	3957.9	3746.8
中方占比(%)	41.2	25.3	30.1	32.0	33.4

图 6-2 2011—2015 年全国国际道路运输货运量及中方所占比例情况

2015 年，参与国际道路运输的省份有内蒙古、辽宁、吉林、黑龙江、广西、云南、西藏和新疆。中方共完成客运量 361.4 万人次，完成客运量前 3 位的是云南（160.0 万人次）、内蒙古（113.7 万人次）、黑龙江（39.4 万人次）；中方共完成货运量 1253.3 万吨，同比下降 0.9%，完成货运量前 3 位的是云南（460.2 万吨）、内蒙古（276.3 万吨）、新疆（177.7 万吨）。内蒙古的国际道路货物运输量相比 2014 年都有很大程度的增长，而新疆和云南的国际道路货运量相比 2014 年有所减少。

2015 年，内地与港澳之间完成道路客运量约 1403.0 万人次，同比减少 1.1%；旅客周转量 35.0 亿人公里，同比增长 0.3%。内地与港澳之间完成道路货物运输量 14826 万吨，同比增长 16%；货物周转量 232.5 亿吨公里，同比增长 7.5%。

二、双边及多边国际道路运输区域分布

从车辆出入境次数来看，2015 年我国与东北亚（包括俄罗斯、蒙古国、朝鲜）的出入境客运车辆约 10.3 万辆次，同比减少 32.2%；货运车辆约 70.7 万辆次，同比增加 0.9%。与中亚（包括哈萨克斯坦、吉尔吉斯斯坦和塔吉克斯坦）的出入境客运车辆为 2.1 万辆次，与去年持平；货运车辆为 19.2 万辆次，同比增加 2.1%。与东南亚及南亚（包括越南、巴基斯坦、老挝、缅甸和尼泊尔）的出入境客运车辆为 72.0 万辆次，同比减少 1.4%；货运车辆为 72.5 万辆次，同比增加 9.2%。2014—2015 年，全国国际道路运输客运、货运车辆出入境分布情况分别见图 6-3、图 6-4。

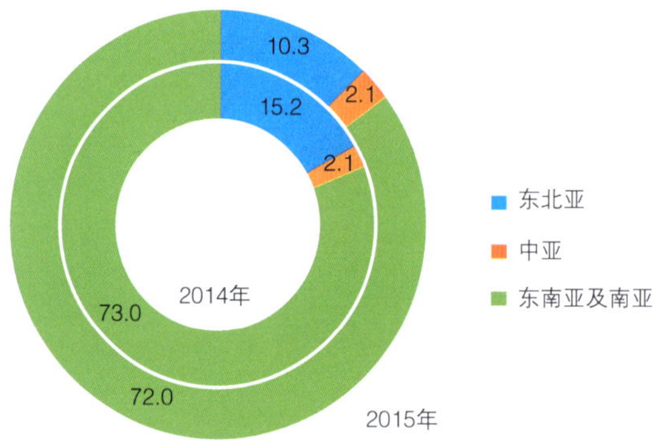

图 6-3　2014—2015 年全国国际道路运输客运车辆出入境分布对比情况（单位：万辆次）

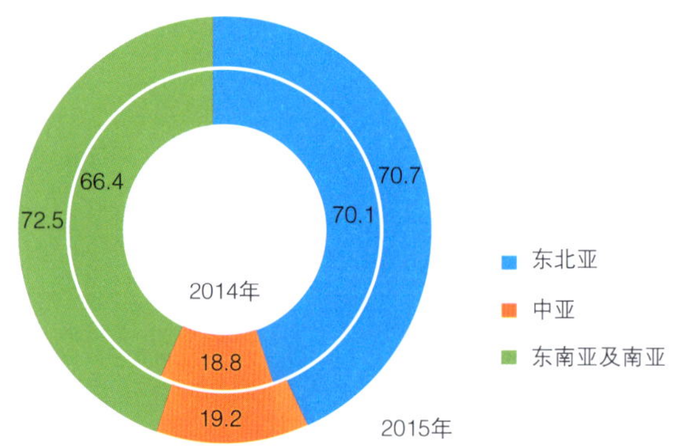

图 6-4　2014—2015 年全国国际道路运输货运车辆出入境分布对比情况（单位：万辆次）

客运方面，2015 年我国与东北亚国家的客运联系较 2014 年有所增加，完成客运量 378.3 万人次，同比增长 5.7%，在周边区域的客运量中占比达到 53.1%，同比减少 0.6%；与东南亚及南亚国家的客运量 289.2 万人次，同比增加 9.3%；与中亚国家的客运量 45.4 万人次，同比下降 5%。

货运方面，2015 年我国与东北亚国家的货运联系有所下降，2015 年完成国际道路运输货运量 2645.6 万吨，货物周转量 12.89 亿吨公里，同比分别减少 7.9% 和增加 14.6%。与东北亚国家联系的货运量在周边区域的货运量中占比达到 70.6%。2015 年我国与周边区域国际道路客货运量分布情况见表 6-1。

2015 年我国与周边区域国际道路客货运量分布　　　表 6-1

区　域	客运量（万人次）	比例（%）	旅客周转量（万人公里）	比例（%）	货运量（万吨）	比例（%）	货物周转量（万吨公里）	比例（%）
东北亚	378.3	53.1	12835.5	27.6	2645.6	70.6	128900.6	52.3
中亚	45.4	6.4	14739.4	31.7	217.1	5.8	80108.2	32.5
东南亚及南亚	289.2	40.6	18899.7	40.7	884.1	23.6	37621.0	15.2
合计	712.9	—	46474.6	—	3746.8	—	246629.8	—

第二节　国际道路运输服务能力

一、国际道路运输经营业户及车辆结构

1. 经营业户

截至 2015 年年末，全国从事国际道路运输的业户为 1398 户，较 2014 年有所增加。其中广东和新疆从事国际道路运输的企业数量分列第一和第二位，分别为 1109 户和 75 户。全国拥有车辆数 100 辆及以上的国际道路运输业户有 41 户，占全部业户总数的 2.9%；拥有 50~99 辆的国际道路运输业户有 59 户，约占全部国际道路运输业户总数的 4.2%；拥有车辆数在 10~49 辆的国际道路运输业户有 857 户，占总数的 61.3%；拥有 9 辆及以下的国际道路运输业户有 441 户，占总数的 31.5%。

分区域来看，新疆是全国拥有 100 辆及以上运输车辆的国际道路运输业户数最多的省份，共有 13 个；其次为广东、广西和吉林，分别为 9 个、4 个和 4 个。2015 年国际道路运输业户拥有车辆规模情况见表 6-2。

2015 年国际道路运输经营业户拥有车辆规模情况　　　表 6-2

业户类型		合计	根据车辆规模分组				
			100 辆及以上的企业	50~99 辆的企业	10~49 辆的企业	5~9 辆的企业	5 辆以下的企业
国际道路运输经营业户（个）		1398	41	59	857	171	270
比例（%）		—	2.9	4.2	61.3	12.2	19.3
其中	国际道路客运经营业户（个）	244	14	8	94	49	79
	比例（%）	—	5.7	3.3	38.5	20.1	32.4
	国际道路货运经营业户（个）	1224	40	56	783	129	216
	比例（%）	—	3.3	4.6	64.0	10.5	17.6

2. 车辆结构

截至2015年年末，全国共有从事国际道路运输的车辆128051辆，其中客车948辆，共计35163个客位；货车127103辆，共计2559778吨位。2015年国际道路客货运输车辆情况见表6-3。

2015年国际道路客货运输车辆情况 表6-3

类型		高级	比例（%）	中级	比例（%）	普通	比例（%）	总计	比例（%）
客运	车辆数（辆）	749	79.0	151	15.9	48	5.1	948	100
	客位数（个）	29232	83.1	4498	12.8	1433	4.1	35163	100
类型		大型	比例（%）	中型	比例（%）	小型	比例（%）	总计	比例（%）
货运	车辆数（辆）	112361	88.4	2678	2.1	12064	9.5	127103	100
	吨位数（吨）	2530247	98.8	8673	0.3	20858	0.8	2559778	100

二、行车许可证使用情况

国际道路运输行车许可证是国际道路运输车辆出入境的通行证。2015年，全国使用的国际道路运输行车许可证中，A种行车许可证使用量为1134张，同比减少2.1%；B类行车许可证使用量达122473张，同比增加约35.9%；C种行车许可证使用量为390515张，同比增加1.5%。2011—2015年全国国际道路运输行车许可证使用情况见表6-4。

2011—2015年全国国际道路运输行车许可证使用情况[1] 表6-4

年份	2011年	2012年	2013年	2014年	2015年
A种许可证使用量	1382	1368	1164	1158	1134
B种许可证使用量	72678	88616	51538	90152	122473
C种许可证使用量	452070	430721	362481	384683	390515

2015年全国A种行车许可证使用量最多的省份是新疆、黑龙江和内蒙古，分别为904张、80张和77张；B种行车许可证使用量最多的两个省份是内蒙古和云南，分别为5743张和111878张；C种行车许可证使用量最多的两个省份是云南和新疆，分别为167340张和94819张。

第三节 国际道路运输管理

2015年，我国国际道路运输双边和多边合作不断加强。交通运输部持续积极推进与周边国家互联互通，抓住交通基础设施的关键通道、关键节点和重点工程，逐步形成内畅外联的国际运输大通道。2015年间，

[1] A种行车许可证可适用于定期旅客运输，可一年多次出入境，往返有效；B种行车许可证适用于不定期旅客运输，一次往返有效；C种行车许可证适用于货物运输，一次往返有效。

举行了中俄运输分委会第十九次会议、中巴吉哈四方过境运输协议技术磋商研讨会、中蒙国际道路运输事务级会谈、中土（土耳其）国际道路运输事务级会谈、中老国际道路运输协定修订第一次专家组会议、中越国际道路运输第九次事务级会谈、中蒙俄第三次过境运输会谈、中蒙国际汽车运输许可证交换会、中哈物流基地国际联运业务启动会等国际会议，就从业车辆的使用年限、许可证数量、过境道路运输、口岸运输等问题进行磋商并达成有关共识。

专栏 6-1　中俄运输分委会第十九次会议在西安召开

2015 年 8 月 28 日，中俄总理定期会晤委员会运输合作分委会第十九次会议在中国西安召开，双方围绕促进丝绸之路经济带与欧亚经济联盟战略对接，深化中俄交通运输合作进行了深入积极的交流，取得了积极效果。双方签署了《中俄运输合作分委会第十九次会议纪要》，草签了《关于修订 1995 年 6 月 26 日签署的〈中华人民共和国政府与俄罗斯联邦政府关于共同建设黑河—布拉戈维申斯克黑龙江（阿穆尔河）大桥的协定〉的议定书》和《中华人民共和国政府与俄罗斯联邦政府关于在中俄边境黑河市（中国）与布拉戈维申斯克市（俄罗斯）之间共同建设、使用、管理和维护跨黑龙江（阿穆尔河）索道的协定》。中国交通通信信息中心与俄罗斯莫斯维斯普特尼克公司还签署了关于海事卫星业务的谅解备忘录。

交通运输部杨传堂部长就进一步深化中俄交通运输合作提出了三点建议。一是，要深入落实两国元首关于丝绸之路经济带建设与亚欧经济联盟建设对接的战略共识。二是，要在交通运输领域抓紧完成中俄总理定期会晤委员会所关心的各项重要合作议题，特别是跨境基础设施建设方面的工作。三是，要开拓工作思路，深入探讨中俄交通运输全方位合作。

——资料来源：交通运输部网站

专栏 6-2　中巴吉哈《四方过境运输协议》重启

中国、巴基斯坦、吉尔吉斯斯坦、哈萨克斯坦四国于 1995 年签订了《四方过境运输协议》，2004 年开始实施。根据该协议，四方中任何一方可在一年内经另一方进行 200 车次货物过境运输，并且免征过境费和通行费。喀喇昆仑公路是中、巴、吉、哈四国过境运输的重要通道，2010 年因沿线发生大型山崩，喀喇昆仑公路部分路段封闭。在中国和巴基斯坦两国的共同努力下，先前封闭的路段于 2015 年 9 月 2 日重新开通，加速了中、巴、吉、哈四国重启《四方过境运输协议》的步伐。

2015 年 9 月 7 日至 9 日，中、巴、吉、哈四方过境运输协议第二次技术磋商研讨会在新疆乌鲁木齐举办。会议由亚洲开发银行组织，除中、巴、吉、哈四国参加外，塔吉克斯坦作为会议观察员国参会。各方代表以及来自国际道路运输联盟等机构的专家，围绕重启《四方过境运输协议》，在道路基础设施建设、信息交换、行车许可证、司乘人员签证、车辆标准、交通法律法规等方面展开了细致磋商。

交通运输部运输服务司副司长王水平率团参会，他表示，希望沿线各国进一步加大过境运输通道公路交通和口岸基础设施建设力度，不断提升本国境内公路的技术等级，提高运输和口岸通关效率，保障运输安全。

——资料来源：交通运输部网站

专栏 6-3　2015 年中蒙国际道路运输事务级会谈在乌鲁木齐举行

2015 年 10 月 28 日至 29 日，中国新疆交通运输代表团与蒙古国汽车运输代表团国际道路运输事务级会谈在新疆乌鲁木齐市举行。双方围绕促进丝绸之路经济带建设，深化国际道路运输合作进行了积极的交流。

此次会谈达成了三项共识：一是加快恢复塔克什肯镇至布尔干县的定期客运线路运行的准备工作，该线路将于 2016 年 1 月 1 日起正常运行。二是 2016 年上半年，对亚洲公路网 4 号公路（AH4）中蒙两国境内段的交通基础设施情况进行联合调研。三是商定了 2016 年度双方行车许可证的数量及交换事宜。中蒙双方认为，中蒙间国际道路运输的发展进一步促进了中国“丝绸之路经济带”建设与蒙古国“草原之路”倡议的紧密对接，对中蒙俄经济走廊建设发挥了积极的推动作用。

——资料来源：新疆维吾尔自治区交通运输厅网站

专栏 6-4　2015 年中老、中越国际道路运输会议在广州市召开

2015 年 12 月 9 日至 13 日，中老、中越国际道路运输会议在广东省广州市召开。中老、中越交通、外交、海关、边防、质检等政府主管部门和边境省区交通运输主管部门及部分企业的代表参加会议。交通运输部党组成员兼运输服务司司长刘小明出席会议并分别会见了老挝公共工程与运输部党组成员、运输司司长圆沙瓦·西盘顿和越南公路总局局长阮文现。中老就双边政府间国际道路运输协定及其议定书草案达成高度一致，中越就双边国际道路客货运输线路运行、行车许可证、联络合作机制等 14 个问题达成共识，并分别签署了中老、中越会议纪要。

会议中刘小明指出，在中越建交 65 周年之际，希望双方遵循“长期稳定、面向未来、睦邻友好、全面合作”方针和“好邻居、好朋友、好同志、好伙伴”精神，积极推动“一带一路”倡议和《东盟交通战略规划（2016—2025 年）》的对接，将两国间汽车运输提升为国际道路运输，并切实解决双方运输企业的实际困难。圆沙瓦·西盘顿表示赞同并希望双方加强沟通，巩固和发展两国在交通运输领域的合作关系。阮文现表示，将认真贯彻落实两国领导人共识和相关制度协定，积极协调相关部门，创造条件推进两国国际道路运输的深入合作和健康发展。

——资料来源：交通运输部网站

专题篇

SPECIFIC TOPICS

第七章　综合运输服务

第一节　统筹综合运输服务发展

2015 年，在《综合交通运输“十三五”发展规划》的大框架下，交通运输部运输服务司牵头，研究编制了《综合运输服务“十三五”发展规划》，提出了“十三五”期综合运输服务发展的总体思路、目标任务和政策措施。各地交通运输主管部门就各省综合运输服务未来的发展方面和工作重点进行了系统规划，为“十三五”综合运输服务的健康统筹发展奠定了坚实基础。

一、发展目标

按照普惠均等、便捷高效、智能智慧、安全可靠、绿色低碳五大发展要求，“十三五”期间，综合运输服务发展的目标是：基本建成统一开放，竞争有序的综合运输服务市场体系，客运“零距离换乘”和货运“无缝化衔接”水平大幅提高，运输一体化服务形式更加丰富，综合运输服务与移动互联网深度融合、与关联产业密切联动，社会感知度和公众满意度显著增强，有力支撑交通真正成为社会经济发展的先行官。

二、主要任务

“十三五”期间，从市场体系、通道与基础设施、客货运体系、运输装备与技术以及安全保障、信息化管理等方面出发，明确了综合运输服务发展的 11 项主要发展任务，对市场秩序建设、服务效能提升、货运效率提高、技术装备环保与创新、国际运输能力、人才队伍建设等提出了要求，并明确了 12 项亟待开展的专项工作，包括：快件“上车上船上飞机”工程、综合运输服务示范城市建设、公交都市建设专项行动、货物多式联运工程、公路甩挂运输推进工程、城乡交通一体化推进行动、货运车型标准化专项行动、国际道路运输便利化推进工程、交通一卡通互联互通专项行动、汽车维修信息公开与电子健康档案系统建设、“互联网 +”运输服务基础支撑系统建设以及“12328”服务畅通工程，力求全面提高综合运输服务能力，实现综合运输服务水平的显著提升。

专栏 7-1　辽宁等省市开展综合运输服务“十三五”规划编制工作

辽宁省交通运输厅和相关部门编制《辽宁省综合运输服务“十三五”发展规划》，制定综合运输服务的目标任务和政策措施。规划包含一个总体规划和多个专项规划，以道路、水路运输规划为主，尽量涵盖铁路、民航、邮政等内容。在道路运输领域，规划更侧重建设综合运输通道，提升综合运输枢纽效能，提高客运服务品质，推进多式联运发展，加快货运转型升级，推进运输装备专业化、标准化，提升运输安全保障能力，提升国际运输服务能力和运输智能化水平等内容。

青海省交通运输厅深入研究综合运输服务发展工作，对推动全省公路、铁路、民航、水路、邮政运输等运输方式的深度融合发展及提升综合运输服务能力等工作进行科学研究。《青海省综合运输服务“十三五”发展规划》将以推动各种运输方式顺畅衔接的综合运输为着力点，以发展节能高效的规模运输为落脚点，以提升交通运输服务经济社会发展的能力和水平为核心点，以加强各种运输方式协同协作融合发展为主线，通过深化改革、优化环境，整合资源、突出效能，信息化引领，共建统一开放、充分有序的青海省综合运输服务市场体系。

——资料来源：交通运输部网站

专栏 7-2　运用移动互联网打造综合运输服务升级版

2015 年 3 月 23 日，交通运输部运输服务司主办 2015 年运输服务厅局长研讨会，研究探讨新常态下改进提升综合运输服务的政策措施。运用移动互联网提升综合运输服务成为研讨热点。

交通运输部部长杨传堂专门做出批示，要求适应经济发展新常态，充分发挥市场在配置资源中的决定性作用，深入研究移动互联网、大数据、云计算、物联网等对交通运输行业的影响，科学施策。

交通运输部党组成员兼运输司司长刘小明指出，要认真学习贯彻习近平总书记“四个全面”的重大战略布局，按照李克强总理在今年两会上提出的制订“互联网 +”行动计划、支持移动互联网产业发展的要求，科学把握移动互联网对交通运输行业的影响，大力借助移动互联网引领提升综合运输服务，引领产业转型升级，引领行业治理体系构建。“移动互联网 + 综合运输”将在要素移动、泛在互联、全面感知、便捷交互中创造出更多、更丰富的经济社会价值，推动运输服务产业链重构和生态圈再造，拉动交通运输提质增效升级，打造出面貌全新的运输服务升级版。

——资料来源：交通运输部网站

第二节　综合运输服务示范城市建设

为加快推进综合运输体系建设，提高城市综合运输服务水平，方便人民群众便捷出行，提升运输组织衔接效率，交通运输部开展了综合运输服务示范城市的建设工作。

2015 年 8 月 6 日，交通运输部印发《关于公布第一批综合运输服务示范城市的通知》，确定京津冀、沈阳、营口、上海、南京、镇江、杭州、宁波、济南、临沂、湘潭、武汉、广州、深圳、桂林、泸州共 16 个城市（城市群）作为第一批综合运输服务示范城市，并对示范城市后续相关工作的开展提出了具体指导意见。要求示范城市人民政府建立和完善示范城市创建工作领导小组和部门协同联动机制，确保示范城市建设取得实效，并重点围绕综合客运枢纽、城市货运集疏运中心、运输服务信息共享、综合运输组织模式、综合运输服务工作机制、综合运输服务标准 6 项重点任务，加快推进实施。

京津冀城市群等第一批综合运输服务示范城市（城市群）根据实施方案，正在积极开展有关工作，加快提升城市（城市群）综合运输服务水平。

专栏 7-3　京津冀共绘综合运输服务蓝图

2015 年 8 月 3 日，京津冀作为典型城市群被交通运输部选为第一批“综合运输服务示范城市”。京津冀综合运输服务示范区拟在客运枢纽、货运场站、信息共享、运输组织、工作机制和标准规范等 6 个方面进行一体化示范建设，促进交通运输一体化发展，并建立起“综合运输多部门规划会商机制”和“京津冀综合运输服务联席机制”，确保相关工作顺利开展。

北京、天津会同河北交通主管部门已制定了《京津冀综合运输服务示范区建设实施方案》和三省（直辖市）的分方案，绘制了区域综合运输服务发展蓝图，提出了改进提升综合运输服务的主要策略：未来 3~5 年甚至到 2022 年，京津冀将以“现代化、一体化、国际化”为建设理念，同时坚持“客货运输兼顾，软硬建设并进”的原则，认真遴选示范建设项目，全力打造全国性综合运输服务示范区。

——资料来源：中国交通新闻网

专栏 7-4　南京成为全国首批综合运输服务示范城市

2015 年 8 月，南京市被确定为全国首批 16 个综合运输服务示范城市之一，三年示范期中，南京将着力解决综合运输服务“最后一公里”问题。

南京此前已基本形成双核航空港（禄口、马鞍）、双核铁路枢纽港（南站、南京站）和双核江海联运枢纽港（龙潭、西坝）的主枢纽体系和绿色低碳导向的综合运输设施装备体系。示范期中，南京市将根据综合运输服务示范市实施方案全面提升综合运输服务能力和水平，确保通过交通运输部“综合运输服务示范城市”考核验收。

——资料来源：交通运输部网站

专栏 7-5　西部城市泸州入选首批综合运输服务示范城市

2015 年 8 月，泸州市入选全国第一批 16 个综合运输服务示范城市，是西部地区唯一入选城市。

泸州是长江经济带上重要的区域性综合交通枢纽节点城市，泸州建设综合运输服务示范城市，在西部地区乃至全国均具有较强的代表性和示范推广意义。泸州计划在 3 年内完成综合客运枢纽、城市货物集疏运中心、运输服务信息共享等 6 大重点示范工程建设，具体包括城北综合客运枢纽、川滇黔多式联运物流园、开通“酒城通”手机 APP、打造“铁水联运”集装箱班列模式等 27 个重点支撑项目，估算总投资约 30 亿元人民币。

——资料来源：交通运输部网站

第三节　货物多式联运发展

多式联运是未来综合交通运输货运服务发展的重点方向。2015 年，交通运输部启动了多项工作，大力推进货物多式联运发展。

2015 年 7 月，交通运输部联合国家发展改革委印发了《关于开展多式联运示范工程的通知》(交运发〔2015〕107 号)，共同启动多式联运示范工程建设，明确了开展多式联运示范工程的总体思路和目标任务。通过先期开展 15 个左右多式联运示范工程建设，形成具有典型示范意义和带动作用的多式联运枢纽场站、组织模式、信息系统以及多式联运承运人；不断完善多式联运设施、装备、信息化、运营组织等方面的技术标准和服务规范；探索托盘集装单元等管理运营模式；逐步充实推进多式联运发展的政策与法规，加快推进多式联运发展。在此基础上，不断总结归纳形成典型经验和做法，制定完善多式联运发展顶层设计，建立多式联运持续、有序发展的体制机制，加快推进物流大通道建设，促进我国多式联运加快发展。推进多式联运示范工程的主要任务，一是强化多式联运基础设施衔接；二是探索创新多式联运组织模式；三是统一规范多式联运服务规则；四是推广应用快速转运装备技术；五是推进多式联运信息系统建设。

专栏 7-6　宁波积极打造多式联运国际枢纽港

宁波市以发展海铁联运为主要抓手，加快推进多式联运国际枢纽港建设。2015 年，宁波计划完成集装箱海铁联运量 14.5 万标箱，海铁联运增幅位居全国 6 个示范通道前列，宁波港集团实施“无水港”战略，在本省市场的基础上，以江西市场为重点，陆续开发了襄阳、成都、西安等海铁联运业务。

2015 年，宁波市出台了新的集装箱海铁联运扶持政策，其中“五定”班列最高可获 2500 万元补助。据宁波市交通运输委员会介绍，宁波将积极争取设立国家级宁波海铁联运综合试验区，同时加快推进海铁联运物联网示范工程建设，力争年内完工。

——资料来源：浙江省政府网站

专栏 7-7　湖北省加快推动多式联运发展

湖北省交通运输厅将推进多式联运发展作为构建综合交通运输体系的重点工程，从七个方面重点培育，重点支持，开展联运业务。包括：商品车滚装多式联运、大宗物资及进口商品水铁（公）联运、电子产品公铁联运（公水联运）、中西部陆地港武汉水港公水联运、中部地区国际公铁联运、国内国际快件多式联运、无船承运人多式联运。

湖北省发展多式联运基础良好，省内已初步形成武汉至上海洋山江海直达班轮运输、三峡库区宜昌至重庆载货汽车滚装运输、武汉至沪渝地区商品汽车滚装运输、“汉新欧”铁路国际货运专线等多条成熟的多式联运线路。

——资料来源：交通运输部网站

第四节　综合运输标准规范

2015 年，交通运输部成立了综合交通运输标准化委员会（以下简称“标委会”），下设货物多式联运、旅客联程运输和工程技术三个工作组，负责开展综合运输标准规范制定的相关工作。标委会拟定了 2015—2017 年综合运输标准化清单目录，预计将完成约 60 项标准的制修订任务，涵盖铁路、公路、水运、民航四种运输方式和邮政等交叉领域，涉及的标准类型分为工程建设、产品和服务标准。

2015 年，标委会发布了《综合客运枢纽智能化系统建设总体技术要求》(JT/T 980—2005)，其他如《货物多式联运术语》、《综合客运枢纽术语》、《综合客运枢纽通用技术要求》等标准正在抓紧制定中。

第八章　道路运输安全

道路运输安全事关社会安定和人民生命、财产安全，是交通运输管理工作的重中之重。2015 年是“十二五”规划的收官之年，各级交通运输部门认真贯彻落实党中央、国务院和部党组关于加强安全生产工作的一系列方针政策，以“平安交通”创建为主线，以“道路运输平安年”活动为载体，加强安全生产责任落实、车辆本质安全提升、重大营运车辆联网监控和打非治违以及危险化学品运输等工作，道路运输安全事故得到有效遏制，安全发展能力和水平继续稳步提升。

第一节　道路安全事故

一、总体情况

2015 年，全国道路运输安全继续保持稳定趋好的形势，道路运输行车事故总体呈下降趋势，全年全国共发生一次死亡 3 人及以上道路运输行车事故 156 起，死亡 761 人，与 2014 年同期相比分别下降 13.3% 和 11.9%，重大事故得到有效控制，未发生特别重大事故。

二、事故分布

1. 区域分布

分区域看，我国中南、西南地区依旧是事故多发区，但事故起数和死亡人数比 2014 年明显下降。统计数据显示，全年一次死亡 3 人及以上道路运输行车事故中，发生在中南和西南地区的事故数量和死亡人数分别占全国的 57.7% 和 58.2%，中南和西南地区仍是未来交通安全管理工作的重点管控区域，如图 8-1 所示。

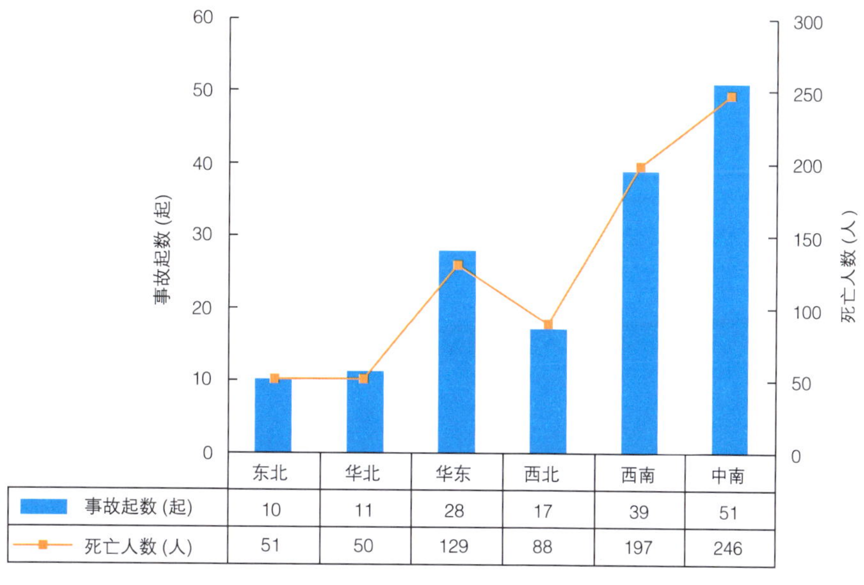

	东北	华北	华东	西北	西南	中南
事故起数（起）	10	11	28	17	39	51
死亡人数（人）	51	50	129	88	197	246

图 8-1　2015 年一次死亡 3 人及以上道路运输行车事故区域分布情况

2. 路段分布（按道路技术等级）

按道路技术等级统计，路段一次死亡 3 人及以上道路行车事故发生情况如图 8-2 所示，高速公路和二级公路仍然是事故多发路段，事故起数和死亡人数分别占总数的 61.5% 和 64.7%，但与 2014 年相比，高速公路事故和死亡人数略微增加，二级公路事故起数和死亡人数大幅降低，总体行车事故状况向好趋势明显。

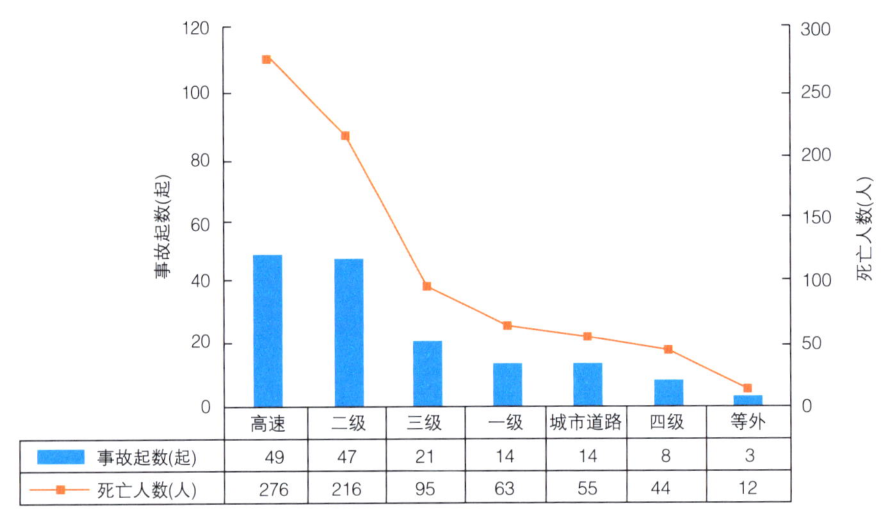

	高速	二级	三级	一级	城市道路	四级	等外
事故起数(起)	49	47	21	14	14	8	3
死亡人数(人)	276	216	95	63	55	44	12

图 8-2　2015 年一次死亡 3 人及以上道路运输行车事故路段（按道路技术等级）分布情况

3. 路段分布（按道路行政等级）

按道路行政等级统计，国道和省道依旧是行车事故多发路段，如图 8-3 所示，虽然全国全年一次死亡 3 人及以上道路运输行车事故中，发生在国道和省道上的事故数量和死亡人数比 2014 年有较大降低，但仍分别占到了总数的 77.6% 和 81.2%。其中，发生在国道上的道路运输行车事故数量和死亡人数分别占总数的 47.5% 和 47.8%，发生在省道上的道路运输行车事故数量和死亡人数分别占总数的 30.1% 和 33.4%。

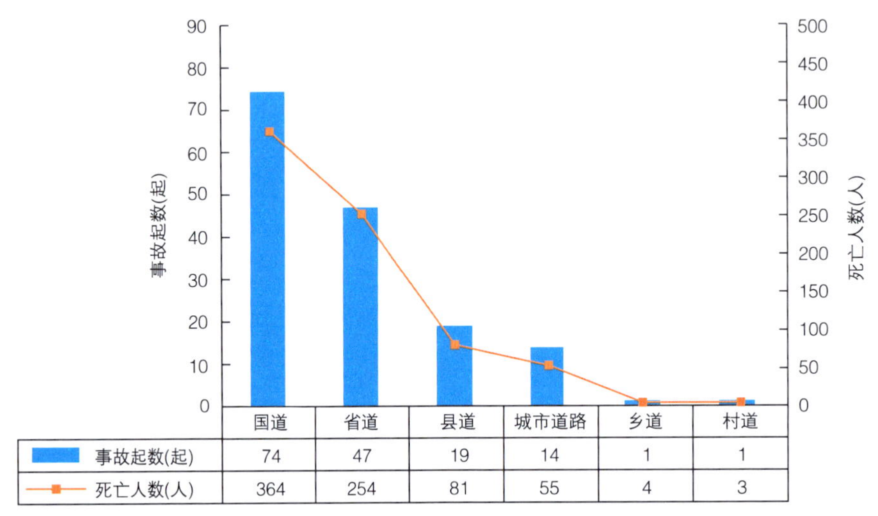

	国道	省道	县道	城市道路	乡道	村道
事故起数(起)	74	47	19	14	1	1
死亡人数(人)	364	254	81	55	4	3

图 8-3　2015 年一次死亡 3 人及以上道路运输事故路段（按道路行政等级）分布情况

4. 时间分布

从时间分布来看，白天（6~18 时）是事故多发时段。根据全国全年一次死亡 3 人及以上道路运输行车事故统计得出，白天发生的事故数量和死亡人数分别占总数的 69.2% 和 67.9%。由于白天出行需求量大，行车安全应该受到更高的重视。相比而言，夜间出行量少于白天，行车事故相对较少，发生的事故数量和死亡人数分别占总数的 30.8% 和 32.1%，但夜间同样也是不容忽视的行车事故发生时段，行车安全仍需保持高度警惕，如图 8-4 所示。

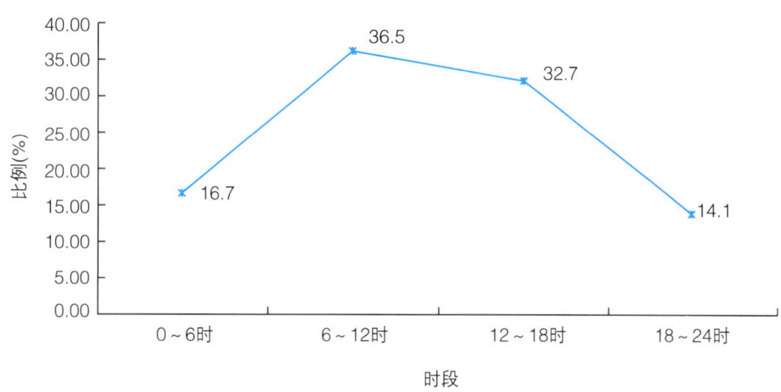

图 8-4　2015 年一次死亡 3 人及以上道路运输行车事故时间分布情况

三、道路客运行车事故分析

1. 总体情况

2015 年，随着“平安交通”建设的不断深化，道路旅客运输安全形势日渐趋好。全年全国共发生一次死亡 3 人及以上道路客运行车事故 82 起，造成 465 人死亡、869 人受伤，同比分别下降 20.4%、17.0% 和 11.0%，如图 8-5 所示。一次死亡 10 人及以上道路客运行车事故 8 起，造成 124 人死亡、129 人受伤，死亡人数和受伤人数同比下降 20.5% 和 3.0%，道路旅客运输安全水平明显提升，如图 8-6 所示。

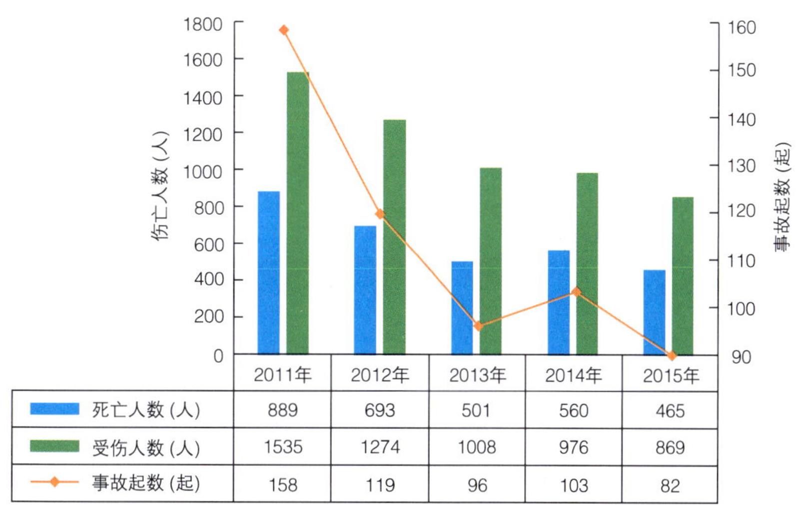

	2011年	2012年	2013年	2014年	2015年
死亡人数（人）	889	693	501	560	465
受伤人数（人）	1535	1274	1008	976	869
事故起数（起）	158	119	96	103	82

图 8-5　2011—2015 年一次死亡 3 人及以上道路客运行车事故情况

	2011年	2012年	2013年	2014年	2015年
死亡人数（人）	243	243	148	156	124
受伤人数（人）	269	333	212	133	129
事故起数（起）	15	16	11	6	8

图 8-6　2011—2015 年一次死亡 10 人及以上道路客运行车事故情况

2. 月度分布

2015 年一次死亡 3 人及以上道路客运行车事故数量和死伤人数月度分布情况如图 8-7 所示。2 月、7 月、8 月和 9 月是全年道路客运行车事故的多发月度，一次死亡 3 人及以上的客运行车事故数量和造成的死亡人数分别占到了总数的 43.9% 和 44.5%，节假日等出行高峰月度安全形势仍然严峻。

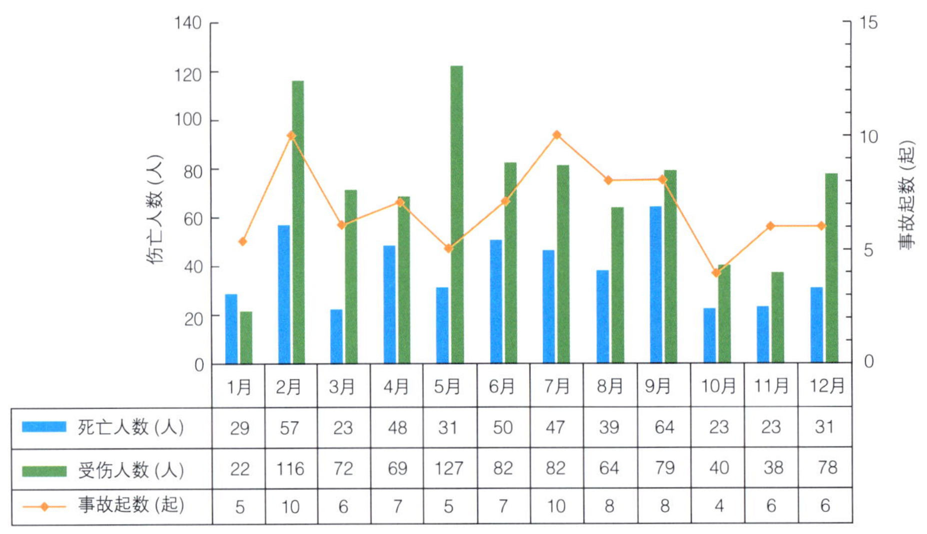

	1月	2月	3月	4月	5月	6月	7月	8月	9月	10月	11月	12月
死亡人数（人）	29	57	23	48	31	50	47	39	64	23	23	31
受伤人数（人）	22	116	72	69	127	82	82	64	79	40	38	78
事故起数（起）	5	10	6	7	5	7	10	8	8	4	6	6

图 8-7　2015 年一次死亡 3 人及以上道路客运行车事故月度分布情况

3. 线路分布

2015 年，一次死亡 3 人及以上道路客运行车事故中，中长途客运和旅游包车客运仍然是行车安全工作关注的重点，省际班线客运和市际班线客运共发生事故 35 起，造成 221 人死亡、423 人受伤，分别占总数的 42.7%、47.5% 和 48.7%，与 2014 年相比明显下降（图 8-8）。旅游包车客运发生事故 19 起，造成 116 人死亡、281 人受伤，旅游包车由于进出景区多行经山区公路，道路技术等级低、安全隐患多，易引发事故，应通过加强管理管控、提升道路等级等手段有效提升行车安全环境。

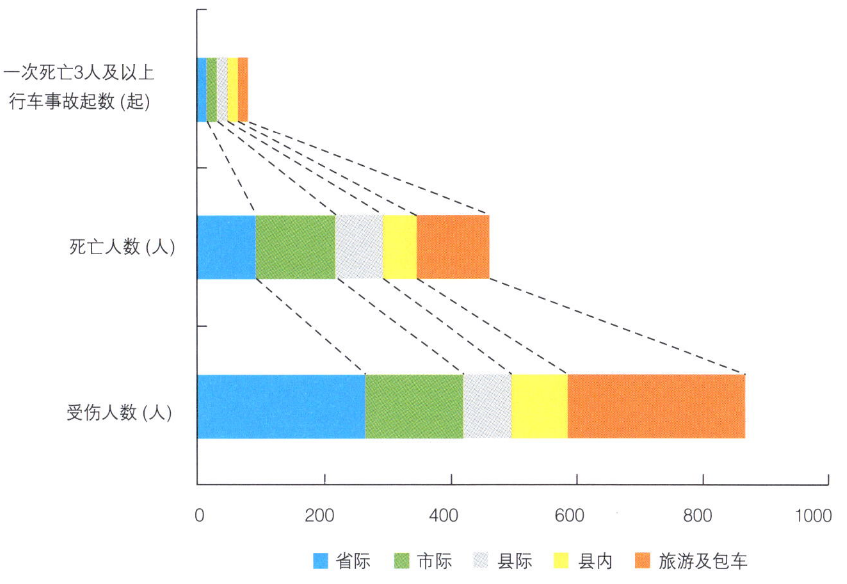

图 8-8　2015 年一次死亡 3 人及以上道路客运行车事故线路类别分布情况

4. 事故形态

2015 年，全国一次死亡 3 人及以上道路客运行车事故中，碰撞和翻车仍然占据绝大多数事故（图 8-9），由碰撞导致的一次死亡 3 人及以上道路客运行车事故有 48 起，造成 253 人死亡、327 人受伤，分别占总数的 58.5%、54.4% 和 37.6%；由翻车所导致的一次死亡 3 人及以上道路客运行车事故有 26 起，造成 160 人死亡、405 人受伤，分别占总数的 31.7%、34.4% 和 46.6%。

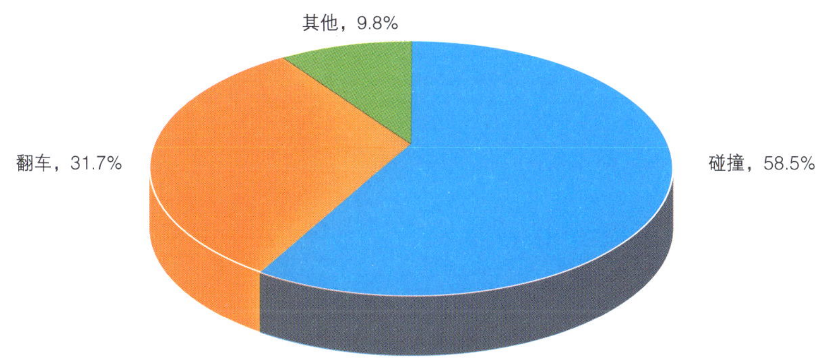

图 8-9　2015 年一次死亡 3 人及以上道路客运行车事故形态分布图

第二节　运输安全管理

一、稳步推进重点营运车辆联网联控

为深入推进重点营运车辆监控监管，强化道路运输安全监管手段，各地认真贯彻落实《道路运输车辆动态监督管理办法》（交通运输部　公安部　国家安监总局令 2014 年第 5 号）及《全国重点营运车辆

联网联控系统考核管理办法》(交运发〔2014〕267 号)文件精神。交通运输部印发了《交通运输部办公厅关于进一步做好道路运输车辆卫星定位系统车载终端和平台标准符合性技术审查工作的通知》(交办运〔2015〕18 号),加强对终端和平台的管理,下发了全国重点营运车辆联网联控系统月度运行情况的通报,督促各地落实重点营运车辆联网联控。同时,进一步落实企业监控主体责任,建立了逐级考核与定期通报制度,强化联网联控系统对重点营运车辆的动态监管,提升重点营运车辆入网率和上线率。截止到 2015 年 12 月 31 日,联网联控系统"两客一危"车辆入网总数 67.55 万辆,车辆入网率超过 95%,同比提高超过 14 个百分点,车辆上线率接近 85%,同比提高超过 12 个百分点。车辆联网联控监管基本实现了营运车辆跨区域、跨部门联控,有效解决了长期以来车辆运输"看不见、听不到、管不着"问题,对道路运输安全监管方式带来了革命性影响,为道路运输安全监管发挥了重要作用。

2015 年,交通运输部运输服务司对联网联控工作进行了专题报告。交通运输部部长杨传堂对联网联控工作作出重要指示。按照部领导指示,交通运输部运输服务司组织了运输企业联网联控系统应用现场观摩会,交通运输部领导刘小明、王金付以及成平司长到会指导。此外,交通运输部还联合公安部、安监总局召开了全国重点营运车辆联网联控现场会,举办了 3 期部级宣贯培训班,开展了 5 号令贯彻落实情况专项检查,派出督导组赴全国各地巡回检查 21 次,督察结果向全国公开通报。政府监管能力进一步强化,联网联控相关工作加速开展,各运输企业逐步建立健全动态监控制度,企业动态监控主体责任逐渐落实,使全国道路运输安全水平得到进一步提升。

二、全面部署道路运输平安年活动

继"道路客运安全年"活动取得圆满成功后,为深入贯彻落实党中央、国务院领导关于加强安全生产工作的指示要求,坚决遏制和减少重特大道路交通事故发生,交通运输部、公安部、国家安监总局研究决定开展为期三年的"道路运输平安年"活动。2015 年 2 月 16 日,三部局联合印发了《2015 年"道路运输平安年"活动方案》(交运发〔2015〕23 号),标志着道路运输平安年活动正式启动。2015 年 4 月 2 日,三部局联合召开了"道路运输平安年"活动动员部署电视电话会。会上,交通运输部党组成员兼运输服务司司长刘小明、安全监管总局监管二司司长苏洁、公安部交通管理局副巡视员王强分别做了重要讲话,对该项活动做出具体部署,要求各地各部门要全力以赴认真抓好各项工作的落实。6 月中下旬,三部局组成了联合督查组,对部分省市进行了重点督查,印发了《交通运输部办公厅关于 2015 年"道路运输平安年"活动督查情况的通报》(交办运〔2015〕120 号),通报了督查过程中各省好的做法、经验以及存在的主要问题,并对下一步深入推进"道路运输平安年"活动提出了明确要求。"道路运输平安年"活动的部署开展,进一步夯实道路运输安全基础,着力构筑安全监管长效机制,有效巩固了道路运输安全各项基础工作,道路运输安全管理能力和水平得到明显提升。

三、认真落实安全生产季度分析电视电话会议制度

为完善安全生产管理制度,夯实道路运输安全基础,提高安全管理工作的针对性和有效性,按照道路运输安全生产季度分析工作例会制度,交通运输部运输服务司先后四次组织召开了 2015 年各季度全国道路运输安全生产分析工作会(图 8-10),一至四季度会议分别于 1 月 9 日、4 月 2 日、7 月 8 日和 12 月 25 日召开。会上,交通运输部党组成员兼运输服务司司长刘小明深入分析了各季度全国道路运输生产情况和道路运输安全形势,总结了安全生产工作经验教训,重申了党中央、国务院对生产安全、运输安全的高度重视,并结合重点时段具体安排了工作重心,突出强调"紧盯五个重点领域、突出抓好三类主体、推进四个重点专项"、"一个体系、六项制度"建设等多项工作要求。安全生产季度分析电视电话会议制度的认真落实,有效推动了安全管理工作的常态化,在提高安全管理效率、预防道路交通事故等方

面取得了明显成效。这项工作在思路、制度和方法上的创新，有力推动了道路运输安全管理制度再上新台阶。

图 8-10 安全生产季度分析电视电话会议

四、强化物流安全管理

为夯实管理工作基础，提升物流安全管理能力，2015 年 4 月 9 日，公安部、交通运输部发布《关于加强道路运输零担货物受理环节安全管理工作的通知》（以下简称“通知”），从思想认识、管理制度、部门协作、能力建设和宣传教育等方面严格规范了零担货物受理环节的安全流程，明确了管理工作的重点。《通知》的出台，为指导道路运输管理人员及相关人员的安全管理工作提供了有力支撑。

专栏 8-1 道路零担货物加快实行收货实名制服务

2015 年 4 月，公安部、交通运输部联合发布《关于加强道路运输零担货物受理环节安全管理工作的通知》，促进物流业安全健康发展。

《通知》要求，公安机关会同交通运输主管部门，制定道路零担货物运输违禁物品目录，向社会公布，并督促道路货运企业严格防控列入目录的物品。道路货运企业要加快实行货物交付环节的收货实名制，运单所注明的收货人必须凭真实有效身份证件方可提货，企业对于运单及收货人等信息应保留 18 个月以上，以备查询。道路货运企业和货运站（场）经营企业应逐步探索建立人工检查与利用设备抽检相结合的验视检查模式，加快实现货物全程跟踪与实时查询。

——资料来源：中国交通报

第三节 危险品运输管理

一、危货电子运单试点工作有序开展

为督促危险货物道路运输企业严格落实安全生产主体责任，强化危险货物道路运输源头管控和动态

监控，有效提升危险货物道路运输安全运营水平，根据《危险化学品安全管理条例》、《道路危险货物运输管理规定》、《道路运输车辆动态监督管理办法》和《汽车运输危险货物规则》（JT 617—2004）等有关法律法规及标准，2015 年，交通运输部在北京、江苏、浙江、四川、重庆、陕西六省（直辖市）开展了危险货物道路运输电子运单管理制度试点工作，并发布了危险货物道路运输电子运单试点工作技术指南，指导各试点城市开展电子运单制度尝试，25 个城市的 743 家企业开展了试点工作。通过总结电子运单管理制度试点的成果和经验，强化危险货物道路运输安全管理的能力和手段，进一步推动了危险货物道路运输管理更加协同高效。

二、继续加强危货安全管理

为提升管理部门对危险货物道路运输监管能力，减少危险品运输安全事故，交通运输部编写出版了《危险货物道路运输行业管理工作指南》（以下简称“工作指南”），并组织各省市道路运输管理部门负责危险货物运输管理的 80 余名同志进行培训，指导各级道路运输管理机构及管理人员切实做好危险货物道路运输行业安全管理工作。工作指南依据相关法律法规与部分规范性文件并借鉴部分省市的先进管理经验编制，内容包括危险货物道路运输资质、资格管理以及车辆技术管理与动态监管、安全生产监督管理、依法经营与信用管理等行业日常监管内容。工作指南的发布，既可作为各级道路运输管理机构管理人员依法行政、依法管理和规范执法的技术性指导手册，也可作为危险货物道路运输企业负责人、管理人员依法经营、依法运输和安全管理的学习培训资料，为提升行政许可与日常监管规范化水平起到良好的作用。

三、积极开展安全教育培训

为做好危险货物道路运输行业安全管理工作，切实提升危险货物道路运输行业安全管理水平，2015 年 7 月 24 日，交通运输部运输服务司印发了《交通运输部运输服务司关于举办道路运输安全管理培训班的通知》（交运便字〔2015〕159 号），于 2015 年 7 月 27 日至 30 日成功举办了全国道路运输安全管理培训班。各省（自治区、直辖市）交通运输主管部门及道路运输管理机构都派出了相关人员参加培训。培训班重点围绕新《安全生产法》、《危险货物道路运输行业管理工作指南》、国外安全管理先进经验、道路运输安全管理政策解读等方面，对道路运输安全管理人员进行专题培训，系统提升了行业管理人员业务素质和管理水平。此次培训班具有较强的针对性和指导性，受到了学员们的一致好评，也为创新安全管理打开了新的思路。

与此同时，国家安监总局、交通运输部和公安部共同开展了驾驶员安全承诺和安全教育活动，取得了良好效果。交通运输部还组织编写了《典型事故案例评析》教材，通过生动的案例和真实的故事，进一步提高广大驾驶人员对交通事故的警惕性，为做好运输安全生产管理、有效遏制重特大交通事故发生，发挥了积极作用。

第九章　绿色低碳发展

第一节　认真贯彻落实政策法规措施

1. 加快新能源汽车在行业推广应用

新能源汽车作为战略性新兴产业，代表汽车产业的发展方向。发展新能源汽车，对改善我国能源消费结构、减少空气污染、推动汽车产业和交通运输行业转型升级具有重要意义。为深入贯彻落实《国务院办公厅关于加快新能源汽车推广应用的指导意见》（国办发〔2014〕35号），加快新能源汽车在交通运输行业的推广应用，交通运输部组织制定了《交通运输部关于加快推进新能源汽车在交通运输行业推广应用的实施意见》（交运发〔2015〕34号，以下简称“实施意见”）。

《实施意见》提出以下总体目标：至2020年，新能源汽车在交通运输行业的应用初具规模，在城市公交、出租汽车和城市物流配送等领域的总量达到30万辆；新能源汽车配套服务设施基本完备，新能源汽车运营效率和安全水平明显提升。

《实施意见》要求，将新能源汽车推广应用纳入城市公共交通规划和城市综合交通运输体系规划，编制交通运输行业新能源汽车推广应用实施方案和年度实施计划，合理确定车型和运力规模；在新能源汽车技术选型方面，结合本地城市交通通行和公交线网、出租汽车车型结构、城市物流配送通行管理状况，科学选择新能源汽车车型；在充换电设施方面，鼓励和支持社会资本进入交通运输行业新能源汽车充换电设施建设和运营、整车租赁、电池租赁和回收等服务领域；在扶持政策方面，积极配合同级财政、发展改革部门，制定本地区新能源汽车推广应用的支持政策，在新能源汽车购置补贴、贷款贴息、运营补贴、充换电基础设施维护、推广应用宣传及科研补助等方面给予必要的支持；在应用模式方面，研究完善新能源公交车“融资租赁”、“车电分离”和“以租代售”等多种运营模式；在安全和应急管理方面，加强新能源汽车运营安全监控，纳入城市交通智能化运营监控平台，并完善新能源汽车基础信息，制定新能源汽车抛锚、运营周转不畅、恶劣天气、客流激增下的应急处置程序和措施，提高应急处置能力。

2. 全面推进黄标车淘汰工作

淘汰黄标车工作是减少移动污染源排放、保护大气环境的重要举措。国务院高度重视大气污染防治、黄标车淘汰工作。《国务院关于印发大气污染防治行动计划的通知》（国发〔2013〕37号）和2015年国务院《政府工作报告》明确要求，2015年全部淘汰2005年底前注册运营的黄标车。2015年8月，国务院办公厅印发《关于对黄标车淘汰工作进行专项督查的通知》（国办发明电〔2015〕11号）。2015年10月，环境保护部、公安部、财政部、商务部和交通运输部联合印发《关于全面推进黄标车淘汰工作的通知》（环发〔2015〕128号）。为贯彻执行好以上通知要求，开展好2015年的营运黄标车淘汰工作，交通运输部发布《交通运输部关于贯彻执行国务院办公厅有关专项督查黄标车淘汰工作以及做好环境保护部、公安部等五部委有关全面推进黄标车淘汰工作的通知》（交运函〔2015〕755号，以下简称“通知”）。

《通知》要求各地交通运输部门和道路运输管理机构要强化督促检查，积极开展营运黄标车集中清理工作，深入运输企业开展排查，建立健全在用营运黄标车辆明细台账，统计各车辆的基本信息，摸清营运黄标车辆底数，督促企业及时淘汰2005年底前注册登记的营运黄标车；引导车主积极报废更新车辆，建立营运黄标车信息定期通报机制，强化宣传黄标车高污染、高排放的危害性和治理淘汰的相关政策。《通知》强调，各省级交通运输部门和道路运输管理机构要在地方人民政府领导下，积极配合有关部门，组织对各地市营运黄标车淘汰工作进行专项督查督办。截至2015年11月底,全国31个省(自治区、直辖市)累计淘汰2005年底前注册营运的黄标车117.1万辆,占淘汰任务的100.5%,2015年全年已超额完成淘汰任务。

第二节　甩挂运输试点取得实效

2015年10月,《交通运输部办公厅　财政部办公厅关于确定公路甩挂运输第四批试点项目的通知》(交办运〔2015〕153号)发布,确定京津冀区域清洁能源运输一体化甩挂运输试点项目等30个主题性项目为公路甩挂运输第四批试点项目。公路甩挂运输第四批试点主要以省为单位,集中区域内的优势资源,围绕某一特定主题,引导企业开展合作与创新,以进一步扩大甩挂运输的示范效应,引导货运物流业高效绿色发展。公路甩挂运输第四批试点时间为2015年9月至2017年9月,以符合"一带一路"、京津冀协同发展、长江经济带等国家经济发展战略的主题性试点项目为重点,围绕企业间联盟合作甩挂运输、跨区域网络型甩挂运输、干线与支线衔接甩挂运输、多式联运甩挂运输等主题开展。

2010年以来,交通运输部联合国家发展改革委、财政部,组织实施了四批共209个公路甩挂运输试点项目,在中央层面建立了甩挂运输发展专项资金。通过前三批公路甩挂运输试点的探索和实践,我国公路甩挂运输的发展取得了明显成效,甩挂运输已经从单一企业和单一线路的简单运作,逐步创新扩展到企业之间的互甩互挂、跨区域干线间的网络甩挂、干支线之间衔接甩挂、多种运输方式联运甩挂等多种模式。截至2015年底,中央财政共投入补助资金7.6亿元,试点项目共完成投资278.6亿元,开通甩挂运输线路780条,年共完成甩挂运输量5.5亿吨、周转量312.1亿吨公里,试点项目对行业转型发展的引领示范作用逐步显现。试点开展5年来,试点企业的运输效率大幅提升,运输成本和能耗排放明显降低。试点实施以来累计为全社会节约燃油21万吨,减少二氧化碳排放约64.6万吨,为全社会节约物流成本近300亿元。

专栏9-1　2015年度公路甩挂运输试点项目专项资金专家审查

交通运输部组织开展了2015年度公路甩挂运输试点项目专项资金专家审查工作。全国各省(自治区、直辖市)交通运输主管部门,积极协调省级财政主管部门,按照《交通运输部办公厅关于印发国家公路甩挂运输试点项目验收与专项资金申请工作指南的通知》(厅运字〔2013〕144号)的要求,对第二批、第三批甩挂运输试点中已经完成项目建设内容、符合验收条件的共计47个试点项目资金申请材料进行了审查,核定42个项目补助资金2.2亿元。

——资料来源:交通运输部网站

第三节　节能宣传周活动丰富多彩

2015年6月13日至19日是第25个全国节能宣传周,6月15日为全国低碳日。本次全国节能宣传周活动的主题是"节能有道　节俭有德",全国低碳日活动主题为"低碳城市　宜居可持续",交通运输部门以"绿色交通引领交通运输现代化发展"为主线组织开展节能低碳宣传活动。交通运输部办公厅发布《关于组织开展交通运输行业2015年节能宣传周和全国低碳日活动的通知》，要求各级交通运输部门、单位，围绕国家和部节能宣传主题主线，结合行业特色和地域特征，深入开展降碳宣传教育，认真组织多种形式实践活动。

交通运输各级部门、单位，大力宣传绿色交通示范工程，宣传交流交通运输能效、清洁能源利用、绿色交通省份（城市、公路、港口）等试点示范工作建设成果，宣传推广行业节能减排示范项目等。组织开展绿色交通进“车、船、路、港”和进校园活动，以“车、船、路、港”千家企业低碳交通运输专项行动的参与企业以及绿色交通项目实施单位为重点，多种媒体、多种形式宣传交通运输低碳发展理念，推广节能减排技术和产品，引导社会公众绿色低碳出行，开展公共机构低碳体验活动。

节能宣传周期间，交通运输部组织绿色交通大课堂，召开绿色港口建设现场交流会等活动，交通运输部政府网站播放《公共自行车》和《BRT公交》等微电影，多样化的活动取得了良好的宣传效果。中国交通新闻网组织编辑出版《绿色交通　美丽中国》特刊，对交通运输各领域、各系统、各单位节能减排工作的新理念、新经验、新成效进行了总结宣传。

专栏9-2　贵州省2015年全国节能宣传周和全国低碳日活动

2015年6月13日，贵州省暨贵阳市2015年全国节能宣传周和全国低碳日活动启动仪式在贵阳筑城广场隆重举行，贵州省交通运输厅参加了启动仪式。

启动仪式后，贵州省交通运输厅科教处、省道路运输局工作人员在现场给广大市民发放了《汽车驾驶节能操作规范》宣传手册和节能宣传画册，并作了宣传讲解。

节能宣传活动期间，贵州省交通运输厅结合实际开展各类宣传活动，发放宣传手册50000余份，宣传绿色交通、低碳交通发展理念，引导社会公众从自身做起，自觉参与节能减排，形成节能、绿色、低碳的出行模式。

启动仪式现场

——资料来源：贵州省交通运输厅网站

第四节　绿色低碳发展稳步推进

2015年，全国道路运输行业绿色发展稳步推进，各省市积极实践，取得良好效果。

专栏 9-3 中德低碳交通合作项目在京签约

2015 年 4 月 27 日，中德低碳交通合作项目启动仪式暨低碳交通研讨会在京举行。会上，中德低碳交通合作项目正式签约，签约双方交通运输部运输服务司与德国国际合作机构（GIZ）此后将重点围绕城市交通、绿色货运等方面开展国际交流、研讨培训等活动。

交通运输部党组成员兼运输服务司司长刘小明在致辞中表示，中国与德国的合作由来已久，2009 年中德两国签署了《中德关于应对气候变化合作的谅解备忘录》，加强了中德气候变化伙伴关系，并致力推动两国在应对气候变化科学研究、气候友好技术转让的创新机制、清洁发展机制等方面开展合作。刘小明指出，在我国城镇化、工业化、信息化以及经济转型发展的关键时期，为切实发挥交通运输在国民经济和社会发展中的先行官作用，交通运输部围绕“四个交通”推进交通运输现代化的进程，迫切需要借鉴德国低碳城市交通、低碳货运的发展经验，以实现交通的可持续发展。

德意志联邦环境、自然保护、建筑与核安全部排放、设施安全与交通司副司长诺贝尔·所罗门出席会议并表示，环境保护与经济发展并不相悖，发展低碳交通是中国与德国共同面临的挑战，也正是中德两国的合作机遇。GIZ 可持续交通项目主任彭嘉介绍，目前，全球范围内的城市交通与货运交通都面临着日趋严重的减少二氧化碳排放的挑战；在中国，货运交通对城市交通二氧化碳和颗粒物的排放都产生了尤其严重的影响，有必要通过采取全面的政策措施，如研究城市配送解决方案、推广节能减排产品和技术的应用等方式解决此类问题。

据交通运输部运输服务司货运与物流管理处处长战榆林介绍，中德低碳交通合作项目的目标是在制定可持续交通发展战略与政策措施方面，为中方合作伙伴提供技术与能力建设支持。合作项目共分为低碳交通政府间对话、城市交通发展政策、低碳货物运输三个模块，分别从不同层面促进低碳交通的深远发展。

在同期举行的低碳交通研讨会上，来自国内外 100 多名政府官员、相关专家、企业代表分别就城市低碳交通、低碳货运两个议题进行了主题演讲并展开讨论，并围绕中国城市的低碳交通发展战略进行了深入讨论与经验探索。据悉，该合作项目后期还将开展更多的国际交流研讨会及培训工作。

——资料来源：交通运输部网站

专栏 9-4 山西淘汰 3.7 万辆营运类黄标车

山西省道路运输管理局及各市、县运管机构加快推进营运类黄标车淘汰工作进度。一是高度重视，把营运类黄标车淘汰工作作为政治任务。二是摸清底数，把核准营运类黄标车数据信息作为重要基础。三是合力联动，把加快推进营运类黄标车淘汰工作作为共同的责任。四是严格“四督”，把抓后促先作为加快推进营运类黄标车淘汰工作的主要抓手。截至 2015 年 11 月底，2005 年年底前注册的 37168 辆营运类黄标车淘汰任务已提前完成。

——资料来源：交通运输部网站

专栏 9-5　宜昌市 2015 年营运黄标车淘汰任务提前完成

为贯彻落实宜昌市黄标车及老旧车淘汰工作相关精神，确保按时完成营运黄标车淘汰治理工作的目标任务，宜昌市交通运管部门精心组织，多措并举，加大黄标车淘汰力度。

一是全方位宣传清理措施，提高广大营运车辆单位或车主知晓率，引导营运黄标车车主主动提前淘汰黄标车；二是对未取得绿色环保检验合格标志和安全技术检验合格标志的营运车辆，不予核发《道路运输经营许可证》；三是结合车辆年度审验工作，对所有的营运黄标车道路运输证限制年审，对需淘汰的黄标车不予年审；四是对发现营运的黄标车及时督促其淘汰更新，对违反环保法律法规的依法移交相关部门处理；五是对于提前淘汰的营运黄标车给予补贴。

2015 年宜昌市营运黄标车淘汰任务共 6634 辆，其中，2005 年年底前注册营运黄标车 4418 辆。截至 2015 年底，宜昌市共淘汰营运黄标车 6736 辆，2005 年年底前注册营运黄标车已全部淘汰，提前完成今年营运黄标车淘汰任务。下一步，宜昌市交通部门将与有关部门密切配合，进一步加强宣传引导，积极推动营运黄标车淘汰工作，确保完成市政府下达的 2017 年 12 月 31 日前淘汰全市营运黄标车的任务，为切实推进全市生态建设工作，减少机动车污染排放，改善全市环境空气质量做出积极贡献。

——资料来源：湖北省交通运输厅网站

专栏 9-6　石家庄市助推新能源汽车发展

2015 年，河北省石家庄市政府出台《石家庄市加快新能源汽车发展和推广应用的实施意见》，明确提出鼓励出租汽车更新为纯电动汽车，助推新能源汽车产业跨越式发展。

据了解，石家庄淘汰置换的黄标公交车将全部采用新能源汽车，新增或更新的公交车主要采用新能源汽车；鼓励出租汽车更新为纯电动汽车。在推广阶段，购买新能源汽车的用户在享受中央、省财政补贴的同时，还将获得市财政补贴，但补贴总额最高不超过购车价格。

石家庄还将充（换）电设施建设纳入城市专项规划，鼓励建设公用、自用、专用充（换）电设施；鼓励专业运营商投资建设、运营新能源汽车充（换）电设施，市财政将给予设备投资总额 5% 的补助，但单个设施补助最高不超过 100 万元。

——资料来源：交通运输部网站

第十章　道路客运转型升级

2015 年，随着我国农村客运工作不断取得新进展，城乡道路客运一体化和长途客运接驳运输工作进一步推进，有力提升了城乡道路运输服务质量，更好地满足了城乡居民日常出行需求，为助推我国新农村建设和新型城镇化建设发挥了重要作用。

第一节　农村客运通达通畅工程全面加快

2015 年，交通运输部将农村客运通达项目作为更加贴近民生的十件实事之一，下大力气全面部署实施。为进一步提升农村客运服务水平，加快推进城乡客运基本公共服务均等化，交通运输部于 2015 年 4 月 20 日印发了《交通运输部关于加快推进农村客运发展有关事项的通知》（交办运〔2015〕61 号），从加大政策支持力度、提升安全保障能力、建立动态监管机制等方面提出了推进农村客运发展的工作意见。

截至 2015 年年底，全国新增通客运班车建制村超过 8000 个，提前并超额完成了年度预期工作任务。其中，湖北、贵州、四川三省新增通客车建制村 6500 多个，北京、河北、辽宁、吉林、上海、江苏、湖北省（直辖市）的农村客运实现了建制村通车全覆盖，14 个省份的建制村通客运班车率超过 95%。

一、加大政策支持力度

坚持农村客运的基本公共服务定位，加大政策支持力度，推动建立农村客运公共财政保障制度和税费扶持政策，为确保农村客运“开得通、留得住”提供保障。

各地交通运输主管部门积极协调有关部门，因地制宜出台了相关发展扶持政策。如：甘肃省试点了农村客运班线核准制，并优先审核农村客运班线开通申请；广东、浙江两省全面简化了农村客运许可程序；广西壮族自治区对农村客运车辆实行了税费征收减免政策。

专栏 10-1　湖北 100% 建制村通客车

近年来，湖北省城市和城际交通运输网络得到了迅速发展。而与此同时，在少数农村地区，路网不健全、通行条件差、客运覆盖率不高、服务质量不高等问题却较为突出。为此，湖北省委省政府坚持问题导向，将“村村通客车”列为重要的民生工作，2015 年更将其作为“一号工程”，纳入了全省第五轮“三万”活动主题内容。

为了强力推进“村村通客车”工作，湖北省委省政府成立了农村客运发展领导小组，出台了《关于加快农村客运发展的若干意见》、《村村通客车实施细则》等规范性文件。省委书记李鸿忠亲自动员部署，指导“村村通客车”工作；省委副书记、政法委书记张昌尔多次专题听取汇报，督导“三万”工作，关心村村通客车进展。各市州、县市人民政府迅速成立了工作专班，召开了动员会，制定了农村客运发展实施方案和政策措施，层层落实县、乡、村主体责任，将农村客运发展由部门行为真正变成了政府行为，为全面实现村村通客车提供了组织保障。

截止到 2015 年 12 月底，湖北省共新增通客车行政村 4630 个，新增客运车辆 1673 辆，实现了全省 17 个市州 100 个县市区的 25989 个行政村村村通客车。

——资料来源：湖北省交通运输厅

二、切实加强安全保障

重视农村客运安全保障工作，采取综合措施，落实企业安全生产主体责任，提高农村公路安全水平，加强车辆技术管理，推动各地落实完善与农村公路等级、通行车型、限载限速、通行时间等指标协同的农村客运线路审批规则和联合审核机制，切实提高农村客运安全运营水平。

加大安全防控力度，建立农村客运通达情况动态监管机制，建立农村客运通达情况月报制度，完善农村客运通达情况监督考评和激励约束机制，充分调动各级政府和有关单位发展农村客运的积极性和主动性。

第二节 长途客运接驳运输持续推进

长途客运接驳运输是保障长途客运车辆安全运行的重要手段。自 2013 年起，交通运输部会同公安部分三批在 27 个省份开展了长途客运接驳运输试点，取得了良好成效。2015 年，为进一步扎实推进长途客运接驳运输，全国道路运输行业开展了多项工作。

一、加强基础保障

为落实《关于进一步加强长途客运接驳运输试点工作的通知》（交运发〔2014〕2 号）文件精神，加快推进长途客运接驳运输工作，各试点省份纷纷出台相关政策措施，为进一步推进长途客运接驳运输发展打下了良好基础。广东省在有条件的接驳点对管理人员、驾驶员接驳运输全过程进行了实时监控，安徽、贵州、湖南、辽宁等多个省份进一步细化了接驳运输的标准、进入与退出机制、奖惩措施以及各相关部门监管重点，确保接驳运输平稳开展。

为保障长途客运接驳运输工作顺利开展，各级交通运输部门主动加强了与公安、安监等部门的协调，定期通报接驳运输工作动态和车辆信息，积极协调接驳点设置、夜间通行、违法查处等相关问题。安徽省交通运输厅联合公安、安监部门印发了《道路客运接驳运输管理办法》，明确了各部门职责。江苏、湖南等省交通运输厅与公安部门多次以暗访形式对接驳点进行突击检查，规范管理，帮助解决相关问题，并对违规车辆及时纠察、通报追责。

为引导企业科学设置接驳点，交通运输部对全国 800 公里以上的长途客运线路状况进行了统计分析，并结合对骨干接驳运输企业接驳点建设需求所取得的专项调研成果，深入开展了《全国长途客运接驳运输接驳点规划方案》研究，科学规划了全国长途客运接驳运输接驳点布局体系。

二、推进资源共享整合

为最大限度盘活接驳运输资源，实现资源共享，各地积极推动接驳运输联盟建设工作，支持联盟企业做大做强，帮助企业加快实现规模化、集约化、网络化发展目标。

江苏整合了全省 13 家长途客运企业，组建了江苏大运交通运输股份有限公司，统一开展接驳运输。浙江、湖南、陕西、贵州、湖北等省整合了省内长途客运资源，推动建立了省域长途客运接驳运输联盟。

三、全面加强动态监管

为进一步加强长途客运接驳运输动态管理，2015 年 9 月 23 日，交通运输部印发了《交通运输部关于加强长途客运接驳运输动态管理有关工作的通知》（交运函〔2015〕658 号），发布了包括企业、线路、车辆、驾驶员及接驳点的长途客运接驳运输信息表，并明确了长途客运接驳运输信息定期报送体系。

为提升长途客运接驳运输监管效能，统一动态监管标准，交通运输部将接驳运输车辆作为重点监管营运车辆，在全国重点营运车辆联网联控平台下建立了“接驳运输车辆动态监控子平台”，供各级道路运输管理部门和公安部门实时掌握接驳运输车辆和驾驶员的运行作业状态。

各地积极完善监控手段，加强了对接驳运输的动态监管。广东省利用省、市、县、企业四级定位联网监控平台，建立了定期监控制度和相关标准，对接驳运输车辆进行实时监控。四川省利用省级卫星定位监控平台，对车辆凌晨 2~5 点违规运行情况进行定期通报。

第三节　城乡客运一体化建设深入开展

2015 年，交通运输部继续深入开展城乡客运一体化工作，进行了发展水平评价，并于 3 月 4 日印发了《京津冀城乡客运一体化改革试点方案》，推动京津冀客运一体化改革试点开展，提出了推进客运班线公交化改造、推进客运联程运输发展等主要工作任务，积极探索运营模式创新、许可方式改革、站点设置优化、票制票价完善等体制机制，以期逐步推广到长三角、珠三角区域，引导重点区域加快推进城乡客运一体化发展。

一、城乡客运一体化发展水平评价工作

在 2014 年 12 月发布《交通运输部关于开展城乡道路客运一体化发展水平评价有关工作的通知》（交运发〔2014〕259 号）的基础上，交通运输部组织各省级交通运输主管部门开展了城乡道路客运一体化发展水平评价工作。

根据各省（自治区、直辖市）城乡道路客运一体化发展水平评价报告，经综合平均计算，全国总体平均分为 747.7 分（满分含加分项共 1200 分）。其中，综合评价等级达到 AAAAA 级的省（自治区、直辖市）共有 4 个，分别为北京、上海、天津和江苏，占全部省份的 12.9%；AAAA 级的共有 5 个，分别为山东、宁夏、河南、浙江和湖北，占全部省份的 16.1%；AAA 级的共有 20 个，占全部省份的 64.5%；AAA 级以上共有 29 个，占全部省份的 93.5%。

城乡道路客运一体化发展水平评价的 2394 个市县中，AAAAA 级别市县 342 个，占比 14.3%；AAAA 级别市县 495 个，占比 20.7%；AAA 级别市县 1058 个，占比 44.2%；AAA 级别以上市县共 1895 个，占比 79.1%，城乡道路客运一体化发展水平总体良好。

二、大力推进客运班线公交化改造

推进京津冀省际毗邻地区主要通道客运班线公交化改造，建立省际道路客运班线公交化改造工作机制，明确客运班线公交化运营模式和组织方式，加强客运班线公交化运营停靠站点专项建设，以满足群众跨省出行需求。同时，在有条件的地区推动城市公交和省际毗邻地区短途客运班线经营主体集约化发展，优化资源配置，培育骨干龙头企业，提高行业竞争力。

截至 2015 年年底，北京平谷至廊坊三河、北京平谷至天津蓟县南线和北线 3 条班线正式按照公交化运营模式开始试运营。同时，北京地区至外埠公交线路已超过 40 条，线路长度 2710 公里，日均客运量 34 万人次。

专栏 10-2　张家口加快城乡客运一体化建设

张家口市地处京、冀、晋、蒙四省（自治区、直辖市）通衢要道，本着“突出重点、破解难题、先行试点、全面推进”的原则，张家口市启动了主城区张家口—宣化客运班线公交化改造和宣化县村镇客运班线公交化改造工程，通过公车公营、公交化运营，为全市进一步推进城乡客运班线公交化改造奠定了基础。改造前，张家口市城市公交和道路客运经营比较复杂，在公交化改造试点中，张家口市结合行政区划分和地理特点，确定了新的经营主体和责任，采取股份制经营，实行公车公营，公司入股 80%，原承包经营者集体入股 20%。新的运营班线全部投入大运量、低碳环保清洁能源公交车，实行低票价运营、公交化管理。

在城乡公交线路之外，村镇公交改造试点将城乡一体化推向深入。本着“先易后难，成熟一条，发展一条”的原则，宣化县运输管理部门选择了相对客运量大、运营车辆少、接近报废期的承包路线车辆，率先试点先行改造。每辆车由县政府补贴 5 万元后退出客运市场，每辆车由公交公司安排 1 人就业，同时县政府还出资新购 12 辆天然气公交车投入试运营，每趟间隔 15 分钟，票价由原来的 5 元变为 2 元，在缓解人员再就业的矛盾的同时直接让城乡百姓受益。

城乡公交、镇村公交的改造实践，为张家口城乡一体化的发展积累了宝贵经验。下一步，张家口市将积极做好与毗邻省市公共交通的对接，积极做好客运接驳服务，通过建立接驳枢纽场站，逐步形成张家口市与北京客运公交化协同发展的新局面。

——资料来源：河北省交通运输厅

三、加快实施客运联程服务一体化

推动京津冀客运联程服务一体化，加强重点综合运输枢纽间的换乘衔接，优化服务功能，创新服务方式，以缓解北京重要节点运输压力。加强城市公交、中短途道路客运班线、高铁、民航在班线、时刻、运力等方面的衔接，优化运力配置、运营时间和发车频次，切实方便群众出行。

截至 2015 年年底，天津机场至北京首都机场及四惠客运站的短期往返通勤班车、天津机场至北京八王坟长途客运站的省际长途客运班线相继开通，实现了航空客运与道路客运的点对点零距离换乘，丰富了机场地面交通网络覆盖。首都机场开通了至六里桥客运主枢纽的机场巴士线路，南苑机场实现了数据信息的初步接入，京广高铁北京至邯郸段高铁站“站站通公交”工程也在加快推进，京津冀地区客运连程服务的整体效能正在逐渐提升。

第十一章　货运改革与机制创新

第一节　深入推进货运车辆车型标准化

货运车辆是运输体系的重要组成部分。改革开放以来，我国货运车辆制造能力与水平显著提高，货运车辆保有量逐年增长，货运物流产业规模持续扩大，保障能力不断提升，为经济社会发展做出了巨大贡献。然而，由于我国货运车辆标准体系不健全、车辆使用不规范、监管不协同，造成我国货运车型数量庞杂、标准化程度低、技术水平落后，货运车辆非法改装、超限超载等现象屡禁不止，不仅严重制约了我国车辆装备制造业与交通运输业的转型发展，更给人民生命和财产安全造成了极大的安全隐患。

为规范我国货运车辆的使用和管理，推进货运车型的标准化和现代化，2015 年交通运输部会同公安部、工业和信息化部、国家质量监督检验检疫总局等部门，赴山东、河南、广西等典型省份进行调研，深入了解重型货运车辆使用及管理中存在的突出矛盾和问题，充分听取车辆生产制造企业、物流运输企业及地方管理部门的意见建议，进一步梳理规范重型货运车辆使用和管理的总体思路、工作重点及实施路径。

2015 年，交通运输部积极参与国家道路车辆标准《道路车辆外廓尺寸、轴荷及质量限值》（GB 1589—2004）修订工作。该标准是汽车产品设计制造最基本的技术标准之一，此次标准修订工作基于以下原则：

（1）根据道路交通运输发展的实际情况，进一步明确该标准的适用范围，并增加中置轴车辆运输列车、长头列车等产品的相关规定，对标准内容进行完善。

（2）根据 GB 1589—2004 执行过程中暴露出来的问题，对相关产品的外廓尺寸进行科学调整，减少脚注、特例，提高标准的可操作性。

（3）对相关结构进行定义，并从参数上进行调整，以鼓励新技术、新装备的发展，提高道路运行车辆的整体安全技术性能及运输效率。

标准的主体延续 2004 版的框架，分为外廓尺寸、轴荷及质量限值三大部分，补充增加相关术语及定义。

专栏 11-1　模块化汽车列车研发新进展

联合卡车公司和中集车辆集团联合研发的中置轴汽车列车样车

在交通运输部的指导下，中集车辆集团从 2015 年上半年开始，通过“引进、消化、吸收”，掌握了“原汁原味”的欧洲中置轴汽车列车及核心零部件关键设计技术。为保证样车质量和研发进度，中集车辆集团从国外引进了部分关键零部件，2015 年 12 月成功推出中置轴挂车样车。此外，中集车辆集团积极对接联合卡车公司单体货车的研发，联合推出了我国自主研发的第一辆模块化汽车列车，为推进相关产品的深度研发及试点应用提供了样板。

——资料来源：交通运输部

专栏 11-2　交通运输部批复开展超长汽车列车试点工作

2015 年，《交通运输部关于开展超长汽车列车试点工作的批复》（交运函〔2015〕436 号）发布，同意黑龙江省龙运集团组织中置轴货车列车运行，并开展超长汽车列车运行试点工作。

交通运输部肯定了黑龙江省尝试组成中置轴货车列车、超长汽车列车从事运输作业的前期探索工作，要求黑龙江省交通运输厅指导龙运集团细化试点运行工作方案，开展中置轴货车列车和超长汽车列车道路适应性、车辆安全性、运营经济性及环保性的整体评价，总结形成中置轴货车列车和超长汽车列车有关技术条件及运营规范，为中置轴货车列车和超长汽车列车在我国进一步推广应用提供实践经验。同时，要求黑龙江省交通运输厅指导公路管理部门根据试点企业申请，做好试点线路审批和通行保障工作；积极协调公安交警等相关部门，为超长汽车列车试点运行创造道路通行便利条件。道路运输管理部门要利用动态监控平台，加强对试点车辆安全运行的监督管理，确保运行安全。

黑龙江省龙运集团借鉴国际先进经验，提出的将货车、半挂车、中置轴挂车等货物运载单元进行组合，组成中置轴货车列车、超长汽车列车从事运输作业，并将汽车列车与甩挂、甩箱等运输组织模式结合，是提升我国货运车辆装备水平的有益探索和创新，对于提高运输组织效率、降低物流成本、促进我国货运物流业转型发展具有积极意义。

——资料来源：交通运输部网站

第二节　全力加快城乡物流配送体系建设

1. 协同推进农村物流健康发展

为深入贯彻《中共中央国务院关于加大改革创新力度加快农业现代化建设的若干意见》（中发〔2015〕1 号）有关创新农产品流通方式的总体要求，加快落实《物流业发展中长期规划》，全面提升我国农村物流发展水平，支撑农业现代化发展，2015 年交通运输部联合农业部、供销总社、国家邮政局等三部门印发了《关于协同推进农村物流健康发展　加快服务农业现代化的若干意见》（交运发〔2015〕25 号，以下简称“若干意见”）。

《若干意见》从农村物流基础设施、农村物流运作模式、农村物流装备、农村物流信息化水平、农村物流经营主体和政策措施保障等六方面提出了共 21 条具体意见，是多部门协同推进农村物流发展的重要举措，对引导交通运输促进农村物流业的发展具有重要指导意义。《若干意见》发布后，各地积极推进实施，开展地方试点，探索模式经验，出台配套政策措施，发挥交通运输基础作用，有力地促进了我国农村物流业的发展。

2015 年，湖北省交通运输厅联合省农业厅、省商务厅、省供销合作总社和省邮政管理局印发了湖北省《农村物流融合发展规划编制指南》，为湖北省进一步发挥规划的龙头引领作用，夯实农村物流发展工作基础，促进农村物流健康有序发展提供了指导性依据。近年来，湖北省交通运输厅将“村村通客车”工作作为“三万”活动的重点。2015 年湖北省农村公路总里程已超过 21 万公里，乡镇和行政村全部实现通客车，为农村物流发展提供了良好的基础条件。下一步，湖北省交通运输厅将以《农村物流融合发展规划编制指南》的贯彻实施为契机，联合相关部门和单位，进一步加大农村物流发展工作力度，大力开展试点示范，创新政策机制，把湖北省农村物流发展工作做细做实。

专栏 11-3　四部门协同推进农村物流发展

农村物流具有链条长、环节多、涉及面广等特点，一头连着市民的“米袋子”、“菜篮子”，一头连着农民的“钱袋子”，是重大的民生工程。近年来，交通运输等多部门分别采取多项措施推进农村物流发展，但由于缺乏部门协同，资源整合利用不足，尚未形成政策合力。

谈及《若干意见》出台的意义，交通运输部党组成员兼运输服务司司长刘小明表示，四部门协同推进农村物流健康发展不仅是提升城乡居民生活水平的重要途径，还是支撑农业现代化的重要基础、降低全社会物流成本的有效举措。《若干意见》出台，要探索建立交通运输、农业、供销、邮政管理多部门共同推进农村物流发展的新机制，依托各部门和行业在农村物流发展中的已有基础和优势，加强资源整合共享与合作开发，构建“场站共享、服务同网、货源集中、信息互通”的农村物流发展新格局。

——资料来源：中国交通新闻网

专栏 11-4　湖北省发布《农村物流融合发展规划编制指南》

2015 年湖北省发布《农村物流融合发展规划编制指南》（以下简称“指南”）。《指南》共分为两部分，第一部分为规划编制说明，包括总则、发展现状、需求和趋势分析、总体目标、规划主要内容等；第二部分为规划编制技术要点，包括现状资料收集、现状调查和需求预测、农村物流网络和主要节点布局图及项目和近期实施计划等。同时，在文件中还提出了编制发展规划的总体要求，包括规划编制的目的意义、编制原则、编制主体、参考依据、编制主体、规划范围、编制要求、编制步骤和编制成果等八项内容。

《指南》指出，编制农村物流融合发展规划要遵循协调性、系统性、适用性、创新性和开放性等五个原则，要服务全面建设小康社会、新型城镇化、社会主义新农村等发展战略，并且规划有关项目将择优纳入省、市交通、农业、商务、供销、邮政等行业“十三五”规划。《指南》要求，要对当地农村物流发展现状进行评价，并分析问题及成因，同时规划内容要包含节点体系建设、运输网络优化、运营组织模式、市场主体培育、物流装备应用、信息化建设、规划实施安排和预期效果评价、实施保障措施及有关建议等 9 项内容。

——资料来源：湖北省交通运输厅网站

2. 加快发展农村电子商务

农村电子商务是转变农业发展方式的重要手段，是精准扶贫的重要载体。通过大众创业、万众创新，发挥市场机制作用，加快农村电子商务发展，把实体店与电商有机结合，使实体经济与互联网产生叠加效应，有利于促消费、扩内需、调结构，推动农业升级、农村发展、农民增收。

2015 年国务院办公厅印发《关于促进农村电子商务加快发展的指导意见》(国办发〔2015〕78 号，以下简称“指导意见”)，明确提出加强农村流通基础设施建设，加强农村公路建设，提高农村物流配送能力，全面促进农村电子商务健康快速发展。《指导意见》强调，加快完善农村物流体系十分关键，加强交通运输、商贸流通、农业、供销、邮政等部门和单位及电商、快递企业对相关农村物流服务网络和设施的共享衔接，加快完善县乡村农村物流体系，鼓励多站合一、服务同网。鼓励传统农村商贸企业建设乡镇商贸中心和配送中心，发挥好邮政普遍服务的优势，发展第三方配送和共同配送，重点支持老少边穷地区物流设施建设，提高流通效率。加强农产品产地集配和冷链等设施建设。《指导意见》提出，农村基础设施建设进度将加快，以建制村通硬化路为重点，加快农村公路建设，推进城乡客运一体化，推动有条件的地区实施农村客运线路公交化改造。

2015 年，交通运输部联合商务部等 19 个部门印发了《关于加快发展农村电子商务的意见》（以下简称“电子商务意见”），协同推进农村物流与电子商务融合发展、提高农村物流配送能力。《电子商务意见》针对目前农村电子商务发展中存在的问题，从培育多元化电子商务市场主体、加强农村电商基础设施建设、营造农村电子商务发展环境等方面提出了 10 项举措。

第三节　科学有序推进现代物流发展

1. 全国现代物流工作部际联席会议 2015 年第三次会议

全国现代物流工作部际联席会议 2015 年第三次会议由交通运输部组织召开，包括国家发改委在内的 14 个部委的领导和同志共 40 余人出席了会议。会议重点围绕道路货运市场诚信体系建设、非标准车辆治理、促进无车承运人发展、落实快递业发展重点工作分工方案等四项议题进行了讨论。交通运输部利用该平台积极协调各部门，营造了部门协同推进现代物流工作的良好氛围。

2. 全国货运与物流工作座谈会

为深入贯彻落实国务院《物流业发展中长期规划（2014—2020 年）》，深刻把握经济新常态下和综合运输体系建设中道路货运业发展面临的新需求，2015 年交通运输部、中国铁路总公司、中国物流与采购联合会联合召开了全国道路货运价格与成本监测试点工作总结会暨货运与物流工作座谈会。交通运输部党组成员兼运输服务司司长刘小明出席会议并以“适应新常态，加快促进道路货运转型升级”为主题发表重要讲话，凝聚了行业发展力量，引导行业准确把握新形势、新任务、新需求，全面推进道路货运业发展，货运与物流工作取得新突破。

专栏 11-5　全国货运与物流工作座谈会提出：全面适应发展新趋势“五化”打造货运物流业升级版

2015 年 6 月 27 日，全国道路货运价格与成本监测试点工作总结会暨货运与物流工作座谈会在江苏镇江召开。交通运输部党组成员兼运输服务司司长刘小明指出，道路货运业要立足自身特征和定位，主动适应新常态，加快推进一体化、集约化、标准化、信息化、法制化建设。

刘小明指出，经济发展新常态决定了道路货运业发展的新变化和新趋势。道路货运业要正确认识自己的特征和定位，一方面要站在综合运输的大视角下，科学审视和把握道路货运业的发展方向和定位；另一方面要正确认识自身“多、小、散”的特征，利用高效的组织，促进集约运作，实现“零而不乱、散而有序”。

刘小明强调，下一步要加快推进道路货运业“五化”建设。一是打造一体化的交通网络体系，形成综合运输服务的硬环境。加快推进物流大通道货运集疏运体系建设、货运枢纽场站体系建设和“一带一路”国际大通道建设。二是打造集约化的货运组织体系，支撑综合运输体系建设。大力推广公路甩挂运输发展，引导和促进多式联运发展，完善城乡物流配送体系。三是打造标准化货运装备体系，促进运输装备现代化。健全货运车辆标准体系，强化监测维护和路面治理，健全生产源头管控机制，强化法规政策引导。四是打造信息化的技术支撑体系，促进行业创新发展。引导和鼓励平台型物流企业的发展，加快推进政府公共信息平台建设。五是打造法制化的综合治理体系，提升行业治理能力。加强道路货运行业诚信体系建设，推进道路运政信息系统联网建设，强化道路货运行业运行监测工作。

交通运输部有关司局、各省（自治区、直辖市）交通运输主管部门及道路运输管理机构负责人、国内典型货运物流企业、货车生产制造企业及行业协会代表参加了会议。

——资料来源：中国交通新闻网

3. 全国道路货物运输价格指数（CFI）发布

2015 年交通运输部组织召开道路运输价格与成本监测试点工作总结会，发布了第一期道路货运价格指数(CFI),引导形成合理的道路货物运输价格,规范道路货物运输市场健康发展。CFI 指数每月发布 1 次，市场监测范围囊括 10 个省（市），350 多家规模运输企业，500 多条运输干线，线路覆盖全国 30 个省（自治区、直辖市），已成为反映我国道路货运市场运价行情变化、运输成本波动的“指示器”和“风向标”，为行业管理部门监管、生产经营企业决策提供重要参考。

专栏 11-6　全国道路货物运价指数正式发布

2015 年 6 月 27 日，全国道路货物运输价格指数（CFI）首次对外发布。

据交通运输部公路科学研究院副总工程师顾敬岩介绍，此次发布的道路货物运价指数源于 2013 年 7 月起交通运输部开展的全国道路货物运输价格与成本监测试点工作成果。试点建立了覆盖全国的道路货运市场监测网络，监测内容包括煤炭运输、集装箱运输、普货整车运输三大类别，监测范围涉及山西、辽宁、上海、江苏、浙江等 10 个省份、350 多家规模运输企业、500 多条运输干线，货运区域覆盖全国 30 个省份，累计采集数据样本超过 1.5 万个。

道路货物运价指数主要体现一个时期内价格波动情况，分为线路指数、区域指数和全国总指数，各试点省份已经先期发布了线路指数和区域指数，此次发布的为全国总指数。截至 2015 年 5 月，全国道路货物运输价格与成本监测试点工作组共编制了 17 期煤炭运价指数、22 期集装箱运价指数和普货整车运价指数。

22 期普货整车运价指数显示，每年的春节前后是货运市场的淡季，春节后运输需求逐渐回升。2014 年二、三季度价格走势平稳，2014 年四季度至 2015 年上半年，受我国经济下行和油价下降等因素影响，运价行情略微走低，随市场供需变化呈小幅震荡趋势。

经样本数据统计，普货整车平均运距为 1000 公里左右，超长线路最高达到 4000 公里，普货整车平均合理运输成本按里程分布约在 0.233 ~ 0.424 元/吨公里。在总成本构成中，油耗、通行费、驾驶员薪酬、车辆折旧、轮胎损耗和保险税费占较大比例，分别约为 26%、24%、20%、9%、5% 和 5%。

——资料来源：中国交通新闻网

第十二章 “互联网 +”运输服务

为落实国家“互联网 +”行动计划，加快推进“智慧交通”建设，各级交通运输部门充分借助信息化、网络化的手段，积极主动延伸服务渠道与方法，全面做好客运联网售票、道路运政管理信息系统、交通一卡通互联互通等重要工作，在“互联网 +”运输服务方面取得实效，推动了运输服务行业的转型升级。

第一节 全国道路客运联网售票

全国道路客运联网售票又添新举。2015 年，交通运输部围绕推进京津冀城乡客运一体化，率先实现京津冀道路客运售票系统联网运行，基本确定了部级平台和京津冀省级系统的联网方案。同时，积极指导相关省份加快道路客运联网售票系统建设，目前已有 12 个省、直辖市具备省内联网售票功能。2015 年 6 月 5 日，交通运输部发布《关于进一步做好道路客运联网售票有关工作的通知》，要求 2015 年年底前完成首批 27 个省份省域道路客运联网售票系统主体工程，进一步强化道路客运联网的密集度。2015 年 7 月 11 日，交通运输部发布《关于发布〈道路客运联网售票系统〉等 29 项交通运输行业标准和部门计量检定规程的公告》，以推荐性标准的形式为道路客运管理部门提供有效参考和可靠支撑。

专栏 12-1 青海省道路客运联网售票系统运行良好

2015 年 12 月 11 日，青海省运管局举行全省道路客运联网售票系统启动仪式，青海省道路客运联网售票系统正式开通。

民众可以通过 qh.bus365.com 网站、中国公路客票网的手机 APP、社会代售机构、自助售取票机等方式实现在家购票、就近购票、24 小时购票，方便快捷地服务于广大人民群众的出行。全省 29 家汽车客运站已联网运行，覆盖了全省 7 个市州和 28 个县区，其中 22 家客运站已正式开通网上售票，到 2016 年年底将基本覆盖全省三级以上 46 个汽车客运站。借助互联网的售票服务为促进全省道路旅客运输服务方式成功转型提供坚实的网络服务支撑，促进道路运输行业又好又快地发展。

——资料来源：青海省交通运输厅

第二节 运政信息系统互联互通

2015 年 4 月 24 日，交通运输部印发了《关于开展全国道路运政管理信息系统互联互通工作的通知》，启动了全国道路运政管理信息系统互联互通工作。道路运政管理信息系统的互联互通，有效提升了跨区域、跨部门的信息传递。行业管理部门可以通过信息化手段开展对道路运输经营业户、营运车辆以及从业人员的行政许可、行政执法、安全监管、质量信誉考核等业务，加强了道路运输行业管理能力、集聚决策依据和服务水平提升，提高了运政管理人员的工作效率。30 个省份已经与部级系统开展了联网联试，8 个省完成了 12 项核心指标的采集。浙江、上海、江苏三省通过信息化手段，建立了异地违章信息的共享联动机制。广东、福建等省份联合开展了从业人员档案管理及互通互认。运政管理信息系统互联互通的不断推进，为道路运输行业信息化建设奠定了坚实基础。

专栏 12-2　松原运管处开展运政信息系统培训工作

为提高全省新版运政信息系统的使用效率和全市运政执法人员的业务水平和执法水平，松原运管处特邀运政信息系统研发公司的专家为全市运政执法人员进行全面、系统的培训。参加培训的人员有各县（市、区）运管所、城市客运管理中心法制科、稽查科执法工作人员，共计 25 人。特邀专家对运政信息系统应用中的简易程序、一般程序、强制程序进行深入的讲解，使全市运政执法人员的业务水平得到了全面的提高。

资料来源：吉林省交通运输厅

第三节　交通一卡通互联互通建设

交通一卡通互联互通是一项民生工程，能够有效促进综合交通加快融合，提升居民出行便利化程度。2015 年，交通运输部党组高度重视，将这项工作列为更加贴近民生的 10 件实事之一，决定在 20 个以上城市实现交通一卡通互联互通。为此，交通运输部不断加强顶层设计，4 月 7 日，交通运输部部长杨传堂主持召开部务会议，审议《关于促进交通一卡通健康发展　加快实现互联互通的指导意见（送审稿）》，并强调了促进交通一卡通健康发展、加快实施互联互通的重要性，指示各级交通运输部门要坚定信心，从实际出发，坚持遵循市场化原则；坚持走先易后难、先急后缓、积极审慎的路径。强调要坚持加强统筹、创新机制、创新政策，坚定不移地向前推进。该指导意见于 5 月 5 日出台，以标准规范先行，坚持遵循市场规律，发挥市场主体作用，有效提升存量、共享增量，为各地方管理部门推进一卡通互联互通给予了明确指导。同时，交通运输部还于 5 月 29 日发布了《城市公共交通 IC 卡技术规范》，解决了各地交通一卡通技术标准不统一问题。通过与国家发改委、人民银行、国家密码局等单位加强沟通，就交通一卡通押金及手续费、密码体系建设、支付领域拓展等问题多次协调，有力保障了各项工作的顺利开展。此外，交通运输部还决定由司（局）领导带队，组织有关处室、部门和技术人员，先后赴 10 多个省市检查指导交通一卡通互联互通工作，召开了 30 多次协调会和专题会，极大地推动了交通一卡通互联互通工作进度。到 2015 年年底，33 个城市实现交通一卡通互联互通。通过先区域后全国、以点带面等方式，率先选取京津冀、长三角、珠三角等部分区域开展联网工作。2015 年江苏省已初步实现了 13 个省内地市交通一卡通的互联互通。

第四节　12328 交通运输服务监督电话

12328 交通运输服务监督电话系统建设有序推进。2015 年 3 月 5 日，交通运输部发布了《关于开展 12328 电话系统信息分析工作的通知》，建立了指标统一、标准规范、及时报送的 12328 电话信息管理制度，全面掌握 12328 电话运行的情况和社会公众需求，并分季度开展 12328 电话系统运行情况的通报，对运行动态和趋势进行了严密分析和把控。在实现 12328 电话系统全国地级市全覆盖的基础上，加快推进 12328 电话系统部级工程建设，编制了 12328 电话系统部级工程初步设计，启动了部级工程建设招标工作，积极推动具备条件省份与部级系统的联网运行。同时，2015 年 12 月 7 日，交通运输部发布了《关于印发〈12328 交通运输服务监督电话呼叫中心人员培训大纲〉的通知》，通过培训全面强化 12328 电话呼叫中心人员的工作能力，提升 12328 电话运行质量和服务水平提供指导。

2015 年全国 12328 电话系统共受理有效业务 2684.6 万件，以信息咨询业务为主，占业务总量的 93.6%。全年有 9 个省份开通了 12328 微博，14 个省份开通了短消息平台，13 个省份开通了微信公众号，并初步建立了电话系统与业务管理、执法监督、舆情监测等工作的协同联动机制。

专栏 12-3 12328 热线提供“全天候服务”

“您好，这里是锦州市 12328 交通运输服务监督电话，请问您有什么需要帮助的？”2015 年 5 月 1 日上午 9 点多，锦州市 12328 服务中心的工作人员正忙着接听一位市民打来的投诉咨询电话。“五一”期间，12328 受理员轮流值班，服务热线 24 小时开通，一起起投诉举报被及时转办，一件件业务咨询得到了满意答复，一条条意见建议被接纳受理。

每年的“五一”期间都是出行高峰期，为保障交通运输畅通、运输纠纷得到及时化解，12328 服务中心严格按照辽宁省交通厅《12328 交通运输服务监督电话管理办法实施细则》的要求，在接到群众来电后，工作人员认真做好分类处理、跟踪督办、办结回访、整理归档等工作，“五一”小长假期间共接听来电 293 个，属于交通运输管理范围的都得到了迅速转办，不超期、不拖延，受到来电群众好评。

据锦州市交通局科技信息处黎处长介绍，锦州市自 12328 交通服务热线开通以来，12328 服务中心的受话量达 4251 件，其中咨询求助 3275 件，市民投诉举报 719 件，其他 257 件。“12328”为广大市民出行提供了方便。

——资料来源：辽宁省交通厅

第十三章　国际道路运输合作交流

国际道路运输是贯彻落实“一带一路”战略，加强我国同周边国家互联互通的重要内容，也是现代综合运输服务体系的重要一环。我国疆域辽阔，周边接壤国家众多。抓住战略机遇，加快推进我国同周边国家的道路运输合作，努力提升国际道路运输服务水平，对扩大经济增长点，促进我国经济、社会等各项事业的发展，具有十分重要的战略意义。2015 年，交通运输行业紧紧围绕贯彻落实“一带一路”战略和全国国际道路运输座谈会精神，积极协调各沿线交通运输部门，加快推进我国同周边国家的国际道路运输合作与交流，取得了显著成效。

第一节　推动“一带一路”建设的战略与务实行动

一、“一带一路”推进的战略及工作重点

“一带一路”建设是一项系统工程，要坚持共商、共建、共享原则，积极推进沿线国家发展战略的相互对接。为推进实施“一带一路”重大倡议，让古丝绸之路焕发新的生机活力，以新的形式使亚欧非各国联系更加紧密，互利合作迈向新的历史高度，2015 年 3 月 28 日，国家发展改革委、外交部、商务部联合发布了《推动共建丝绸之路经济带和 21 世纪海上丝绸之路的愿景与行动》(以下简称“愿景与行动”)。

《愿景与行动》指出，抓住交通基础设施的关键通道、关键节点和重点工程，优先打通缺失路段，畅通瓶颈路段，配套完善道路安全防护设施和交通管理设施设备，提升道路通达水平。推进建立统一的全程运输协调机制，促进国际通关、换装、多式联运有机衔接，逐步形成兼容规范的运输规则，实现国际运输便利化。推动口岸基础设施建设，畅通陆水联运通道，推进港口合作建设，增加海上航线和班次，加强海上物流信息化合作。拓展建立民航全面合作的平台和机制，加快提升航空基础设施水平。

《愿景与行动》的倡议，有利于全面开展更大范围、更高水平、更深层次的区域合作，共同打造开放、包容、均衡、普惠的区域经济合作架构；有利于加快疏通交通基础设施的关键通道，打通缺失路段，畅通瓶颈路段，提升道路通达水平;有利于加快推进我国同“一带一路”沿线各国国际道路运输合作与交流，为加快推进国际道路运输工作打开了新局面。

2015 年 7 月 21 日，“一带一路”建设推进工作会议在北京召开。中共中央政治局常委、国务院副总理张高丽主持会议并讲话。会议认真学习贯彻了习近平总书记关于“一带一路”建设的重要讲话和指示精神，学习了李克强总理指示批示要求，总结了前一段的工作，围绕重点方向、重点国家、重点项目，进一步研究部署了下一阶段工作。

张高丽表示，确保“一带一路”建设已实现良好开局，要瞄准重点方向，着力推进新亚欧大陆桥、中蒙俄、中国－中亚－西亚、中国－中南半岛、中巴、孟中印缅六大国际经济走廊建设。

二、中俄两国交通运输部门就开展临时过境货物运输问题举行会谈

2015 年 3 月 30—31 日，中国交通运输部代表团与俄罗斯联邦运输部代表团在莫斯科举行会谈，就中俄双方货运车辆经哈萨克斯坦领土从事临时过境货物运输相关问题进行磋商。双方对临时过境运输线路、

口岸、车辆配额、许可证式样等相关问题达成了一致意见，并就此草签了临时过境货物运输协议（草案）。双方还就加强双方企业合作，以合资形式设立国际道路运输企业，共同推动中俄过境货物运输有关问题进行了探讨。

2015 年 12 月 17 日，在国务院总理李克强和来访的俄罗斯联邦总理梅德韦杰夫的见证下，交通运输部部长杨传堂与俄罗斯联邦运输部部长索科洛夫在京共同签署了《中华人民共和国交通运输部与俄罗斯联邦运输部关于中俄货运车辆经哈萨克斯坦领土临时过境货物运输协议》。

中俄两国开展临时过境货物运输，将积极推动《上海合作组织成员国政府间国际道路运输便利化协定》的提前实施，对便利和促进中俄经贸合作、推动区域经济发展具有积极意义。

三、中老、中越深化国际道路运输合作

2015 年 12 月 9 日至 13 日，中老、中越国际道路运输会议在广东省广州市召开。中老、中越交通、外交、海关、边防、质检等政府主管部门和边境省区交通运输主管部门及部分企业的代表参加会议。交通运输部党组成员兼运输服务司司长刘小明出席会议并分别会见了老挝公共工程与运输部党组成员、运输司司长圆沙瓦•西盘顿和越南公路总局局长阮文现。

经过深入细致的讨论，中老就双边政府间国际道路运输协定及其议定书草案达成高度一致，中越就双边国际道路客货运输线路运行、行车许可证、联络合作机制等 14 个问题达成共识，并分别签署了中老、中越会议纪要。

在会见圆沙瓦•西盘顿时，刘小明指出，当前中老国际道路运输合作已经进入更加开放、更高水平的发展阶段，有必要签署新的双边政府间国际道路运输协定，允许更多安全、舒适的客运车辆进入国际道路运输市场，推动发展甩挂运输、多式联运等先进的运输组织方式。圆沙瓦•西盘顿表示赞同并希望双方加强沟通，巩固和发展两国在交通运输领域的合作关系。

在会见阮文现时，刘小明指出，在中越建交 65 周年之际，希望双方遵循“长期稳定、面向未来、睦邻友好、全面合作”方针和“好邻居、好朋友、好同志、好伙伴”精神，积极推动“一带一路”倡议和《东盟交通战略规划（2016—2025 年）》的对接，将两国间汽车运输提升为国际道路运输，并切实解决双方运输企业的实际困难。阮文现表示，将认真贯彻落实两国领导人共识和相关制度协定，积极协调相关部门，创造条件推进两国国际道路运输的深入合作和健康发展。

四、2015 年度中吉国际道路运输事务级会谈达成共识

2015 年 9 月 15—17 日，中国新疆交通运输代表团与吉尔吉斯共和国交通运输代表团国际道路运输事务级会谈在吉尔吉斯斯坦乔尔潘•阿塔举行。会谈双方对中吉间国际道路运输的发展趋势、国际道路运输对两国经贸发展发挥的积极促进作用表示满意，并达成两项共识：一是双方将采取积极措施，尽快开通乌鲁木齐—吐尔尕特—比什凯克、乌鲁木齐—伊尔克什坦—奥什的国际道路运输线路，并在对等的情况下研究运输线路延伸的问题。二是双方商定了 2015 年度追加许可证和 2016 年度行车许可证的数量及交换事宜，并就中吉间国际道路运输中存在的问题提出了解决建议。

五、2015 年度中蒙国际道路运输事务级会谈达成三项共识

2015 年 10 月 28—29 日，中国新疆交通运输代表团与蒙古国汽车运输代表团国际道路运输事务级会谈在新疆乌鲁木齐市圆满结束。双方围绕促进丝绸之路经济带建设，深化国际道路运输合作进行了积极的交流。

会谈双方认为，中蒙国际道路运输的发展进一步促进了中国“丝绸之路经济带”建设与蒙古国“草原之路”倡议的紧密对接，对中蒙俄经济走廊建设发挥了积极的推动作用。

会谈达成三项共识：一是加快恢复塔克什肯镇至布尔干县的定期客运线路运行的准备工作，该线路将于 2016 年 1 月 1 日起正常运行。二是 2016 年上半年，对亚洲公路网 4 号公路（AH4）中蒙两国境内段的交通基础设施情况进行联合调研。三是商定了 2016 年度双方行车许可证的数量及交换事宜。

第二节　地方提升国际道路运输工作的积极举措

一、新疆——已开通的国际道路运输口岸全部启用国际道路运输监管与服务信息系统

2015 年，新疆维吾尔自治区交通运输厅自筹资金，利用现有道路运政信息网络和资源，在巴克图、吉木乃、红山嘴、乌拉斯台、老爷庙、吐尔尕特、伊尔克什坦、卡拉苏和红其拉甫 9 个口岸国际运管局和乌鲁木齐边疆宾馆二类口岸、华凌二类口岸、伊宁二类口岸国际运管业务窗口启用国际道路运输信息监管与服务信息系统。

随着 9 个边境一类口岸和 5 个二类口岸该系统工程的安装完成，全区已开放的 13 个边境一类口岸及 5 个二类口岸的国际道路运管机构均已启用了国际道路运输信息监管与服务信息系统。

该信息系统的启用，将进一步推动自治区口岸物流数据共享平台建设，实现与国家电子口岸平台对接，有效提高自治区口岸国际运管机构对中外国际道路运输经营者的监管能力，大力提升服务水平。

二、北京、天津——推动落实“一带一路”战略　精心打造亚欧大陆桥桥头堡

2015 年 3 月 9 日，为深入落实“一带一路”战略，促进交通运输领域率先发展，天津市交通运输委召开了“推动落实‘一带一路’战略交通运输发展研讨会”。

天津市交通运输委员会提出了推进“一带一路”战略发展目标措施：一是加快过境班列基础设施及通道建设；二是积极培育过境班列运输服务市场；三是支持重点跨境物流企业量身订制日韩对欧过境运输物流产品；四是协同提升大陆桥运输服务水平；五是推进港口海上战略合作。

天津市交通运输委员会与北京铁路局举行了战略合作协议签约仪式。双方将充分发挥天津港、自由贸易实验区等综合优势，本着“优势互补、合作发展”的原则，进一步完善天津港铁路集疏运体系，推动铁路与其他运输方式的衔接，把天津港打造成为亚欧大陆桥东部起点、中蒙俄经济走廊主要节点和海上合作战略支点，推动建设连接东北亚、辐射中西亚的铁水联运大通道，实现两市在落实“一带一路”战略中，交通领域的率先突破、转型升级、持续发展。

三、广西——加快构建面向东盟国际大通道

近年来，广西交通运输部门积极推进与东盟的互联互通，共规划了 12 个通往越南等东盟国家的国际公路通道接点，其中高速公路接点 4 个，二级以上公路接点 8 个。目前已有友谊关、东兴等 11 个陆路口岸和 26 个边境贸易点。

广西正在加快推进“一带一路”建设，“十三五”期，广西交通将重点建设北部湾国际航运中心，打造南宁区域性国际综合交通枢纽，统筹公路、铁路、水运、航空、信息五张基础网络，强化通往贵州、云南、粤港澳、东盟等地的交通运输六大通道，加快形成“一中心、一枢纽、五网络、六通道”现代综合交通运输体系。

四、黑龙江——“龙江丝路带”布局亚欧贸易大通道

在“一带一路”建设的推动下，黑龙江省提出建设“中蒙俄经济走廊—龙江陆海丝绸之路经济带”（简称“龙江丝路带”）的战略，以哈尔滨为中心，以铁路为主轴线，以公路、水运、航空、管道、电网为辅助线，以沿线城市进出口产业园区为重要支撑，建设连接亚欧的国际货物运输大通道，用大通道搭建大平台，吸引生产要素向通道沿线集聚，发展境内外对俄产业园区，构建发达的外向型产业体系，打造全国面向以俄罗斯为重点的东北亚经贸合作服务平台，形成生产、贸易、流通于一体的经济区域。

2015 年 6 月，黑龙江省常态化开通了“哈（俄）欧”国际货运班列，终点站设在德国汉堡，畅通了黑龙江同德国乃至欧洲的经贸通道。黑龙江省委书记王宪魁率黑龙江省代表团对德国成功进行了访问，并围绕“哈（俄）欧”国际货运班列形成的国际经贸大通道，就产业对接、项目合作、物流发展等进行了推介和对接。访德期间，黑龙江省发改委同德国中小企业促进会签署了产业长期合作备忘录，德国西门子公司与哈尔滨轴承制造有限公司、德国德福房车有限公司与哈欧国际物流公司等也分别签署了合作协议和备忘录。

专栏 13-1 加快发展多式联运 构建开放型经济新体系（一）

江苏：将坚持扩大开放与深化改革互动并进，加快“一带一路”交汇点、连云港东中西区域合作示范区及中哈物流中转基地建设，打造战略出海口。

浙江：大力推进宁波—舟山港一体化，积极推进全省沿海港口、义乌国际陆港的整合与建设，积极谋划和推进港口经济圈建设。加强江海联运、海陆联运体系和远洋船队建设。

广东：推进海陆空综合运输大通道和货运物流合作服务平台建设，加强与沿线国家和地区互联互通，开辟更多直航线路，推动建设海上丝绸之路国家港口城市联盟。适时筹办“广东—东盟港航高层圆桌会议”，促进中巴经济走廊南线物流通道及广东至东盟甩挂物流项目等加快落地。

辽宁：加快推进以大连、营口、丹东、锦州、盘锦和葫芦岛港为重要节点，以跨境物流为引领的中蒙俄经济走廊建设。加大铁路、公路、口岸等基础设施互联互通建设力度，积极推进连接内蒙古的巴新铁路建设。

山西：将启动太原铁路口岸建设，促进大同航空口岸正式开放，推动设立运城航空临时口岸，探索在太原、大同、临汾建设“无水港”，加快走出资源型地区和内陆省份可持续发展的新路子。

河南：拓展海铁、空铁联运业务，强化郑州、洛阳节点城市辐射带动作用，谋划建设亚欧大宗商品商贸物流中心、丝绸之路文化交流中心、能源储运交易中心。

安徽：扩大东西双向、对内对外开放，加强岸线资源开发和港口建设，打造芜马组合港、合肥、蚌埠、安庆等航运枢纽，提升铜陵、池州、淮南等港口功能，完善集疏运体系，推动江海联运、多式联运，形成功能互补、联动发展的港口群。

湖北：深度融入“一带一路”建设，加强与欧美等发达经济体以及港澳台的经贸投资合作，推进“武汉—东盟”、“武汉—日韩”航运通道建设，提升汉新欧班列国际运输功能，积极引导“走出去”。

——资料来源：交通运输部网站

专栏 13-2　加快发展多式联运　构建开放型经济新体系（二）

江西：将推动建立跨区域物流对接合作机制，将赣闽货源集中到南昌，主要采用集装箱运输方式，通过班列运达中亚和欧洲国家。赣欧（亚）国际物流通道起点延伸至厦门，使该通道成为连接“一带一路”、长江经济带和沿海沿边地区的货运物流通道。

云南：坚持面向国际开放与扩大国内合作并重，发挥连接东南亚、南亚重要大通道优势，争取中老铁路境外段、中缅陆水联运取得积极进展，加快连接周边国家的综合交通基础设施建设。

内蒙古：争取将自治区向北开放重大事项和项目纳入国家顶层设计。加大口岸建设力度，积极推进与俄蒙基础设施的互联互通。

陕西：加快建设丝绸之路经济带航空城和铁路物流集散中心，全面实施晋陕豫黄河金三角等区域协作规划，促进陆空运输一体化和交通、物流、信息设施互联互通。

重庆：加快构建铁路、高速公路、空港、水港、信息港等对外通道，建成兰渝铁路重庆段。积极组织周边地区货物搭载“渝新欧”班列，推动国际邮政专列正式运行，增加“渝新欧”开行班次和集装箱运量。

四川：南向抓好成昆铁路扩能改造、成贵客专等项目；北向推进西成客专等项目，努力打通成都—西安—环渤海地区的铁路和公路通道；西向加快推进成兰铁路建设，加快川藏铁路、成都至西宁铁路等项目前期工作；东向推进沪汉蓉铁路大通道建设，力争成渝客专 2015 年内通车，加快渝昆铁路前期工作。加快连通重要省界的高速公路网络。

——资料来源：交通运输部网站

第三节　“一带一路”陆路口岸万里行活动

2015 年 8 月 1 日，由交通运输部主办、中国交通报社承办的“一带一路”陆路口岸万里行主题宣传活动（图 13-1）在中俄边境线上城市规模最大、运输距离最近、过客能力最强的黑河口岸正式启动。这次主题采访活动将以基础设施互联互通和国际通道运输发展为切入点，报道“一带一路”陆路口岸发展成就和发展面临的问题及对策，展示交通运输主动服务国家战略走在前、求实效的先行官形象，为推进“一带一路”建设营造良好的舆论环境。

从东北到西南再到西北，从 8 月到 9 月，时间跨度长达一个半月的实地采访圆满收官，反馈效果良好。

一、东北区

8 月上旬，“一带一路”陆路口岸万里行采访团首先进行了东北区陆路口岸的采访报道活动，陆续走访了黑河旅检口岸、名山镇的萝北口岸、黑龙江省抚远县黑瞎子岛、双鸭山产业园、吉林珲春、三合口岸、大连、营口等 10 多处地区口岸。

采访团深入实地调研、走访，重点采访在“一带一路”战略大背景下各口岸城市的通道联通、客货运输、产业园区、国际通道行业管理等情况，搜集到了许多一手资料，为推进“一带一路”建设营造良好的舆论环境。我国东北区不仅与俄罗斯、韩国、朝鲜、日本相邻，还有着天然的水运、海运、铁路等交通资源，与周边国家贸易往来繁忙，目前开通的口岸贸易往来如火如荼。

图 13-2 所示为满洲里公路口岸。

图 13-1　“一带一路”陆路口岸万里行主题宣传活动

图 13-2　满洲里公路口岸

1. “一带一路”陆路口岸万里行首站——黑龙江

黑龙江省现有 25 个国家一类口岸和 10 个边境互市贸易区，与俄罗斯有 3045 公里的边境线，毗邻俄罗斯远东地区的五个边区（州），有 15 个对外开放口岸，目前已对外开放的边境口岸 12 个（包括 8 个河运口岸和 4 个公路口岸）。

黑龙江省正打造以本省为中心，以俄罗斯区域中心城市和港口城市为节点，连接蒙古国、日本、韩国、北美及中国南方港口城市的“中俄中”、“中俄外”、“俄中俄”等多种联运方式为一体的江海联运和陆海联运大通道，形成相互衔接、功能完善、通江达海的国际物流体系和欧亚国际运输走廊。

2. “一带一路”陆路口岸万里行——吉林

吉林省是我国重要的边境近海省份，东临日本海，与俄罗斯远东地区和朝鲜北部接壤。吉林省现有

11 个公路口岸，其中对俄口岸 1 个、对朝口岸 10 个；已开通国际运输线路 21 条，其中对俄 10 条、对朝 11 条；从事国际道路运输的企业共 40 家，营运车辆共 1100 余辆；初步形成了以长春、吉林为直接腹地，以沿边城市为前沿，以珲春为开放窗口，直接连接俄朝、辐射东北亚的国际运输网络。

3．“一带一路”陆路口岸万里行——辽宁

辽宁省把构建中蒙俄综合交通运输大通道作为落实“一带一路”战略的具体行动，作为打造中蒙俄经济走廊的有力支撑，作为振兴东北老工业基地的重要举措。先后启动运营了营口港到德国汉堡的亚欧路桥大通道海铁联运项目和大连至欧洲过境通道项目，目前这两个项目运营良好。

辽宁省将围绕“一带一路”战略，充分利用地缘区位优势、基础设施优势和产业基础优势，依托东北以及环渤海地区广大腹地，着力构建 3 条综合交通运输大通道。据悉，辽宁省交通厅已经制定了“辽满欧”“辽蒙欧”“辽海欧” 3 条大通道的实施意见，明确了发展方向和目标任务。辽宁省将坚持共商、共建、共享原则，积极与沿线地区发展战略相互对接、规划相互协调、资源相互利用，健全完善沟通协商机制，为大通道建设提供强有力的支撑和保障。

二、西南区

8 月 21 日，“一带一路”陆路口岸万里行西南区采访活动启动，前赴云南、广西两省区重要口岸，就口岸建设、通关管理，国际道路运输等情况进行深度采访。采访行程持续 10 天，先后走访了猴桥、磨憨、友谊关、河口、瑞丽等地。

随着“一带一路”、孟中缅印经济走廊的推进建设，猴桥口岸依托中印公路国际大通道，由边缘成节点，蓄势待发，正在逐步承担起融通南亚的历史使命；以终点为起点，由节点变通衢，友谊关口岸正在快速成长为中国与东盟相互交流、互通有无的陆路黄金大通道；政策沟通、设施联通、贸易畅通、资金融通、民心相通，以口岸为支点，瑞丽正快步走向“深蓝”。图 13-3 所示为广西河口口岸和云南瑞丽口岸。

图 13-3　广西河口口岸、云南瑞丽口岸

1．“一带一路”陆路口岸万里行——云南

云南与越南、老挝、缅甸三国接壤，拥有面向“三亚”(东亚、东南亚、南亚)、肩挑“两洋”(太平洋、印度洋)的独特区位优势。2015 年云南共有 17 个陆路口岸，其中对老口岸 2 个、对越口岸 4 个、对缅口岸 11 个，并有瑞丽、猴桥等 10 个国家一类口岸。依托“一带一路”、孟中印缅经济走廊等战略，云南省正在积极推进“七出省、五出境”公路通道建设，落实《大湄公河次区域便利货物及人员跨境运输协定》，促进国际道路运输便利化，助推经济社会发展。

2. “一带一路”陆路口岸万里行——广西

广西与越南陆路边界线绵延 1020 公里，是我国与东盟联系的重要门户。近年来，广西积极推进与越南等东盟国家的联系，在友谊关、东兴、水口、龙邦 4 个开放口岸与越南开展国际道路运输业务，2015 年已有友谊关、东兴等 11 个陆路口岸和 26 个边境贸易点。

近年来，广西交通运输部门积极推进与东盟的互联互通，共规划了 12 个通往越南等东盟国家的国际公路通道接点，其中高速公路接点 4 个，二级以上公路接点 8 个。2015 年南宁至友谊关高速公路、防城至东兴高速公路两个出边通道已建成通车，靖西至龙邦高速公路正在 抓紧建设，预计 2017 年建成通车。与此同时，中越两国积极推进客货跨境运输，2012 年修订了两国汽车运输相关协定，将双方道路运输范围扩大到两国非边境地区，经中越双方批准已开通国际道路运输线路 14 条，其中客运线路 9 条，货运线路 5 条。中国出口的货物经由越南腹地还可到达其他东盟国家。经由广西口岸出入的中越国际道路旅客运输量为 753.66 万人次，道路货物运输量为 258.63 万吨。

广西将以实现通关便利化为主攻方向，规划建设与周边国家间便捷畅通的交通基础设施，实现与其他运输方式有效衔接、相互支撑，促进建成联通内外、安全畅通的国际道路运输大通道，不断扩大国际道路运输规模，构建起安全、高效、畅通的国际道路运输网络，把广西国际道路运输发展提高到一个新的水平。

三、西北区

9 月 7 日，“一带一路”陆路口岸万里行主题宣传活动西北区采访团抵达新疆乌鲁木齐，口岸万里行西北区采访活动正式开始。在新疆、内蒙古期间，采访团先后深入到阿拉山口、霍尔果斯、策克、二连浩特等铁路、公路口岸以及国际货运枢纽站、国际物流园、京新高速公路阿拉善段等实地采访。

1. “一带一路”陆路口岸万里行——新疆

新疆位于我国西北边陲，地处欧亚大陆腹地，与蒙古国、俄罗斯、哈萨克斯坦、吉尔吉斯斯坦、塔吉克斯坦、巴基斯坦、阿富汗、印度 8 个国家接壤，陆地边境线长达 5600 多公里。根据《推动共建丝绸之路经济带和 21 世纪海上丝绸之路的愿景与行动》，新疆将发挥独特的区位优势和向西开放重要窗口作用，着力打造丝绸之路经济带核心区。

近年来，新疆着力推进边境贸易发展，目前已形成 17 个国家一类边境口岸，其中陆路口岸 15 个、航空口岸 2 个。运输网络拓展优化是新疆增强运输服务保障能力的重要举措。新疆已与哈萨克斯坦、吉尔吉斯斯坦、塔吉克斯坦、巴基斯坦、蒙古国 5 个国家开展国际道路运输双边合作，开通国际道路客货运输线路 107 条，国际道路运输企业达 80 余家、车辆超过 7000 辆，初步建立起以乌鲁木齐为中心、以沿边地区为节点、以边境口岸为前沿、向周边国家辐射的国际道路运输网络。

2. “一带一路”陆路口岸万里行——内蒙古

“十二五”前 4 年，内蒙古国际道路运输累计完成客运量 882.1 万人次、客运周转量 1.6 亿人公里、货运量 9085.7 万吨、货运周转量 34.2 亿吨公里，分别占同期全国总量的 29.23%、9.4%、62.95% 和 36.1%。内蒙古共有 13 个陆路口岸和 3 个航空口岸，还有多个口岸即将开放。下一步，内蒙古将重点推进 2 条出海通道、3 条能源资源通道和 3 条旅游通道建设，加快构建联通内外、安全畅通的北疆草原“新丝路”。到 2020 年，内蒙古将初步构建覆盖全区，有效联通沿海、内地和俄蒙欧的开放型经济新体制。

9 月 17 日，“一带一路”陆路口岸万里行采访团结束西北片区内蒙古站采访，标志着由交通运输部主办、中国交通报社承办的“一带一路”陆路口岸万里行主题宣传活动采访阶段工作圆满完成。

附录 1 2015 年道路运输行业大事记

1月

1 日 《出租汽车经营服务管理规定》正式实施。规定的出台与实施，标志着我国出租汽车管理制度基本完善，也为今后的出租汽车行业管理改革创新指明了方向。

4 日 交通运输部下发《交通运输部关于开展城乡道路客运一体化发展水平评价有关工作的通知》和《交通运输部关于印发〈农村道路旅客运输班线通行条件审核规则〉的通知》。

5 日 交通运输部办公厅发布《交通运输部办公厅关于印发〈物流园区互联应用技术指南〉的通知》。

9 日 交通运输部部长杨传堂主持召开专题会议，研究部署城市公交优先发展和城乡客运公共服务均等化等工作。他强调，要进一步提高认识、创新思路、协同推进，推动城市公交优先发展的政策落地生根，实现好、维护好、发展好人民的根本利益。

9 日 交通运输部发布《交通运输部关于认真做好 2015 年道路水路春运工作有关具体事项的通知》。

9 日 交通运输部办公厅发布《交通运输部办公厅关于发布〈城市客运标准体系(2014 年)〉的通知》。

9 日 交通运输部党组成员兼运输司司长刘小明在 2015 年一季度全国道路运输安全生产形势分析工作会上发表题为《突出重点，把握规律 全力以赴保障道路运输安全》的讲话，总结 2014 年道路运输安全情况，安排部署道路运输安全重点任务。

19 日 交通运输部等联合发布《交通运输部　公安部　国家安全监督管理总局　中华全国总工会　共青团中央关于在春运期间开展“情满旅途”活动的通知》。

22 日 交通运输部办公厅发布《交通运输部办公厅关于做好 2015 年度公路甩挂运输试点专项资金申报工作的通知》。

28 日 交通运输部发布《交通运输部关于公布第 3 批公路甩挂运输推荐车型的通知》。

28 日 交通运输部发布《交通运输部关于发布第 51 批高级客车（含公共汽车）类型划分及等级评定表的通知》。

2月

1 日 中共中央、国务院发布《关于加大改革创新力度加快农业现代化建设的若干意见》，指出围绕城乡发展一体化，深入推进新农村建设。在加大农村基础设施建设力度方面，将切实加强农村客运和农村校车安全管理作为工作重点。

2 日 交通运输部、公安部、国家安全监管总局、中华全国总工会、共青团中央，在深圳福田交通枢纽启动以“用心服务情暖春运回家路”为主题的 2015 年春运“情满旅途”活动，倡导为旅客春运出行提供更舒心、更省心、更暖心、更安心、更顺心、更放心、更贴心的“七心”服务。

9 日　中共中央政治局委员、国务院副总理马凯在北京市检查春运工作。他强调，要认真贯彻落实党中央、国务院决策部署，坚持以人为本、安全第一，千方百计挖掘运输潜力，想方设法提高运输效率，切实做好不同运输方式的运力统筹和有效衔接，继续发扬勇于奉献、不怕疲劳、连续奋战的优良作风，全力做好春运各项工作，让广大人民群众平安顺利出行，过一个欢乐祥和的新春佳节。

10 日　交通运输部发布《交通运输部关于推进交通运输安全体系建设的意见》。提出到 2017 年“平安交通”五年建设阶段，初步建成交通运输安全生产“法规制度、安全责任、预防控制、宣传教育、支撑保障、国际化战略”六个体系。到 2020 年，建成系统完备、科学规范、运行有效的交通运输安全体系。

12 日　交通运输部召开 2015 年春运调度电视电话会议，通报春运检查和交通运输安全检查情况，对进一步做好春运工作作出具体安排。交通运输部部长杨传堂批示强调，全国交通运输系统要深入贯彻落实马凯副总理春运检查做出的重要指示，努力实现行业运行更安全、运输服务更温馨、旅客出行更便捷，为全国人民欢度新春佳节提供可靠的交通运输保障。部党组成员兼运输司司长刘小明结合春运检查情况，就进一步做好春运工作提出具体要求。

14 日　交通运输部等联合发布《交通运输部、公安部、国家安全监督管理总局关于印发 2015 年“道路运输平安年”活动方案的通知》。

16 日　交通运输部等联合发布《交通运输部　农业部　供销合作总社　国家邮政局关于协同推进农村物流健康发展加快服务农业现代化的若干意见》。

18 日　交通运输部发布《交通运输部关于印发全面深化交通运输改革试点方案的通知》。

26 日　交通运输部公布交通运输计划完成贴近民生十件实事，涉及促进城乡交通基本公共服务均等化、提升公路安全保障水平、提升交通运输便利化和服务水平三大方面。建制村通客车、交通一卡通互联互通等被列入十件实事。

28 日　交通运输部办公厅发布《交通运输部办公厅关于进一步做好道路运输车辆卫星定位系统车载终端和平台标准符合性技术审查工作的通知》。

3月

3 日　交通运输部召开交通运输安全工作紧急电视电话会议，传达学习国务院领导同志和杨传堂部长重要批示精神，对当前的运输安全工作进行再检查、再部署、再落实，要求全力以赴做好春运后半阶段的工作和交通运输的安全工作，为“两会”创造良好的交通安全环境。部党组成员兼运输司司长刘小明做了题为《做好交通运输安全工作，确保“春运”安全有序》的讲话。

4 日　中共中央宣传部公布了第一批 50 个全国学雷锋活动示范点和 50 名全国岗位学雷锋标兵。据不完全统计，交通运输行业共有浙江省杭州长运集团“吴斌车队”班组等 14 家单位和河北省保定市客运中心站服务班组组长郭娜等 8 人分别入选示范点、标兵。

4 日　交通运输部办公厅发布《交通运输部办公厅关于开展 12328 电话系统信息分析工作的通知》。

5日　在十二届全国人大三次会议上，李克强总理明确提出：“使交通真正成为发展的先行官。”

5日　交通运输部等联合发布《国家安全监督管理总局　工业和信息化部　公安部　交通运输部　国家质检总局关于在用液体危险货物罐车加装紧急切断装置工作进展情况的通报》。

13日　交通运输部发布《交通运输部关于加快推进新能源汽车在交通运输行业推广应用的实施意见》。

15日　2015年春运落下帷幕，全国共发送旅客29.15亿人次，比去年同期增长3.5%。其中，道路24.95亿人次，全国道路共投入营运客车85万辆，最高日发班次255万个。

17日　交通运输部部长杨传堂主持召开专题会议，研究“一带一路”、京津冀协同发展、长江经济带“三大战略”推进情况及下一步工作。他强调，推进实施“三大战略”，涉及交通规划、建设、运输管理、深化改革、政策创新等各个方面，要切实把思想和行动统一到党中央、国务院的决策部署上来，聚焦重点，实化抓手，细化措施，统筹推进，实现率先突破，真正发挥交通运输“先行官”作用。

23日至26日　2015年全国运输服务厅局长研讨班在湖南长沙举办。交通运输部部长杨传堂专门做出批示，要求适应经济发展新常态，充分发挥市场在配置资源中的决定性作用，深入研究移动互联网、大数据、云计算、物联网等对交通运输行业的影响，科学施策。交通运输部党组成员兼运输司司长刘小明出席研讨班并做了题为《以移动互联网引领行业转型升级　在新常态下改进提升综合运输服务》的主题讲话。

4月

2日　交通运输部、公安部、国家安全监督管理总局联合召开2015年“道路运输平安年”活动动员部署电视电话会暨2015年二季度全国道路运输安全分析工作会。

3日　交通运输部发布《关于印发交通运输部内设机构主要职责的通知》，决定将运输司更名为运输服务司，同时确定各内设机构主要职责。

9日　公安部、交通运输部联合发布《公安部　交通运输部关于加强道路运输零担货物受理环节安全管理工作的通知》。

20日　交通运输部办公厅发布《交通运输部办公厅关于加快推进农村客运发展有关事项的通知》。

20日　交通运输部发布《交通运输部关于公布第30批道路运输车辆燃料消耗量达标车型的公告》。

21日　交通运输部发布《交通运输部关于公布第11批道路运输车辆卫星定位系统平台和车载终端的公告》。

21日至22日　中美交通安全与灾难救援协调研讨会在福建省福州市召开。研讨会围绕道路危险货物运输管理、超限超载运输管理、道路长途客运安全管理、公路网事故风险评估、交通运输应急征用补偿、安全风险管理、客车智慧运营系统技术应用等7个议题展开交流。

23 日　交通运输部等联合发布《交通运输部　公安部　国家安全监督管理总局关于联合表扬“道路客运安全年”活动成绩突出道路客运企业和管理机构的通报》。

24 日　交通运输部办公厅发布《交通运输部办公厅关于开展全国道路运政管理信息系统互联互通工作的通知》。

24 日　交通运输部发布《交通运输部关于发布〈快速公共汽车交通系统运营评价指标体系〉等 48 项交通运输行业标准和部门计量检定规程的公告》。

24 日至 26 日　交通运输部党组成员兼运输服务司司长刘小明到黑龙江、吉林，对交通运输稳增长政策落地情况进行专项督查和实地考察，并主持召开专项督查工作座谈会。刘小明要求，要凝心聚力，攻坚克难，对照目标任务，倒排时间表，奋力发挥好交通运输在经济社会发展中的先行官作用。

27 日　交通运输部运输服务司与德国国际合作机构（GIZ）共同签署并启动中德低碳交通合作项目。

30 日　交通运输部发布《交通运输部关于促进交通一卡通健康发展加快实现互联互通的指导意见》。

5月

6 日　全国运输服务信息化工作现场会在云南昆明召开。交通运输部党组成员兼运输服务司司长刘小明出席会议，要求以信息化建设推动运输服务产业重构再建，打造面貌全新的运输服务升级版，为加快“四个交通”建设提供有力保障。

10 日　交通运输部办公厅发布《交通运输部办公厅关于发布道路危险货物运输从业人员从业资格考试题库》。

11 日　交通运输部等联合发布《财政部　工业和信息化部　交通运输部关于完善城市公交车成品油价格补助政策加快新能源汽车推广应用的通知》，自 2015 年 1 月 1 日起实施。

12 日　交通运输部办公厅发布《交通运输部办公厅关于支持江苏镇江惠龙易通创新发展的意见》。

21 日　交通运输部发布《交通运输部关于发布〈城市公共交通 IC 卡技术规范〉等 7 项交通运输行业标准的公告》。

22 日　交通运输部办公厅发布《交通运输部办公厅关于成立综合交通运输标准化技术委员会的通知》和《交通运输部办公厅关于发布〈综合交通运输标准体系（2015 年）〉的通知》。

23 日　交通运输部办公厅发布《交通运输部办公厅关于进一步做好道路客运联网售票有关工作的通知》。

25 日至 27 日　中国交通运输部与土耳其交通运输、海事与信息化部在北京召开中土国际道路运输第一次事务级会议，双方就各自国际道路运输的发展进行了深入交流，讨论了中土国际道路运输协定草案。

26 日　交通运输部等联合发布《国家安全监管总局　交通运输部　公安部关于在道路客

运行业深入开展驾驶员安全承诺和安全教育工作的通知》。

29 日 交通运输部科技司发布《交通运输部关于贯彻实施〈城市公共交通 IC 卡技术规范〉的通知》。

6月

2 日 全国道路客运行业开展驾驶员安全承诺和安全教育活动启动仪式在北京市六里桥长途汽车站举行。交通运输部副部长冯正霖出席仪式并发表讲话。200 名驾驶员集体宣誓“五不两确保”：在驾驶过程中不超速、不超员、不疲劳驾驶、不接打手机、不关闭动态监控系统，确保乘客系好安全带、确保乘客生命安全。10 家客车运输企业负责人在安全运营承诺书上签字。

3 日 交通运输部等联合发布《交通运输部 公安部 国家安全监管总局 中华全国总工会 共青团中央关于表彰 2015 年春运“情满旅途”活动先进集体和先进个人的决定》。

5 日 交通运输部办公厅发布《交通运输部办公厅关于进一步加快推进城市公共交通智能化应用示范工程建设有关工作的通知》。

12 日 中央综治办、交通运输部等 10 部门联合召开物流安全管理工作电视电话会议。

12 日 交通运输部办公厅发布《交通运输部办公厅关于进一步规范道路运输从业人员管理和服务有关事项的通知》。

18 日 交通运输部发布《交通运输部关于印发〈道路运输行业行车事故统计报表制度〉的通知》，2012 版同时废止。

24 日至 26 日 交通运输部召开深化出租汽车行业改革座谈会，进一步听取对深化出租汽车行业改革有关文件的意见。

27 日 全国道路货运价格与成本监测试点工作总结会暨货运与物流工作座谈会在江苏镇江召开。交通运输部党组成员兼运输服务司司长刘小明在会议上做了《适应新常态 加快促进道路货运业转型升级 全面支撑物流业健康发展》的主题讲话。会议集体签署发布《关爱卡车司机倡议书》，启动“关爱卡车司机行动”，发布了第一期全国道路货运价格指数 (CFI)。

29 日 交通运输部、国家发展改革委发布《交通运输部 国家发展改革委关于开展多式联运示范工程的通知》。

7月

2 日 交通运输部发布《交通运输部关于发布第 52 批高级客车（含公共汽车）类型划分及等级评定表的通知》。

2 日 交通运输部办公厅发布《交通运输部办公厅关于做好〈国家城市轨道交通运营突发事件应急预案〉贯彻落实工作的通知》。

8 日 交通运输部党组成员兼运输服务司司长刘小明在 2015 年第三季度全国道路运输安全季度分析电视电话会上传达了中央领导同志和杨传堂部长的重要指示批示精神，并强调要充分认识当前安全生产形势，坚决贯彻落实中央领导同志指示要求，采取果断措施，坚决遏制重大事故多发的势头。

11 日　交通运输部发布《交通运输部关于发布〈道路客运联网售票系统〉等 29 项交通运输行业标准和部门计量检定规程的公告》。

13 日　交通运输部发布《关于批准发布交通运输行业标准 JT/T 325—2013〈营运客车类型划分及等级评定〉第 1 号修改单和 JT/T 888—2014〈公共汽车类型划分及等级评定〉第 1 号修改单的公告》。

14 日　交通运输部运输服务司发布《交通运输部办公厅关于 2015 年上半年 12328 电话系统运行情况的通报》。

19 日至 20 日　交通运输部召开深化出租汽车行业改革论证会，充分论证深化出租汽车行业改革有关文件。

23 日　2015 年度中国绿色货运行动国际研讨会暨全国启动仪式在京召开。交通运输部党组成员兼运输服务司司长刘小明出席会议。“中国绿色货运行动”在全国正式启动实施。

23 日　杨传堂部长主持召开第 10 次部务会议，审议通过了《交通运输部关于修改〈汽车维修管理规定〉的决定》和《汽车维修技术信息公开实施管理办法》。

8月

3 日　交通运输部发布《交通运输部关于公布第一批综合运输服务示范城市的通知》。

4 日　交通运输部、中华全国总工会发布《交通运输部　中华全国总工会关于开展寻找爱岗敬业驾驶员、汽修工楷模活动的通知》。

7 日　国务院安全委员会发出通知，要求从 8 月底至 12 月底在全国全面开展安全生产大检查，进一步深化“打非治违”和专项整治工作。其中，涉及交通运输行业的检查内容包括：校车、客车和旅游大巴等重点车辆，农村、山区、风景区道路等重点路段，以及近期重特大事故暴露出的问题。

7 日　交通运输部办公厅发布《交通运输部办公厅关于 2015 年“道路运输平安年”活动督查情况的通报》和《交通运输部关于公布第 12 批道路运输车辆卫星定位系统平台和车载终端的公告》。

8 日　交通运输部发布《交通运输部关于修改〈机动车维修管理规定〉的决定》。

18 日　京津冀交通一体化领导小组召开第三次会议。领导小组组长、交通运输部部长杨传堂主持会议并强调，加快落实既定各项任务，坚持目标导向和问题导向，主动作为、攻坚克难，最大限度调动各方资源和力量，合力推进交通一体化率先突破取得更大进展，努力使交通真正成为发展的先行官，为京津冀协同发展打好头阵，做出新的更大的贡献。

18 日　交通运输部党组成员兼运输服务司司长刘小明主持研究道路运输车辆动态监督管理工作，推进道路运输车辆动态监督管理制度落实，强化重点营运车辆联网联控运行监督管理。

19 日　交通运输部发布《交通运输部关于公布第 31 批道路运输车辆燃料消耗量达标车型

的公告》。

24 日至 29 日　交通运输部副部长冯正霖率部安全抽查组就辽宁省危险化学品运输安全工作进行专项检查。冯正霖强调，要严格落实责任，抓好基层基础基本功的建设与训练，全面保障危险品、易燃易爆物品运输安全。

31 日　交通运输部部长杨传堂主持召开部专题会议，研究近期开展的交通运输危险化学品和易燃易爆物品安全整治抽查情况。他强调，要针对专项整治抽查中发现的问题，主动作为、全面系统改进危险品运输安全监管工作，着力构建危险品运输安全监管长效机制，完善制度健全、责任落实、部门联动、监管有力的立体监督体系，全力以赴打好危险品运输安全隐患排查治理攻坚战。

31 日　交通运输部发布《交通运输部关于组织开展 2015 年“公交出行宣传周”活动有关事项的通知》。

9月

9 日　交通运输部发布《交通运输部关于修改〈交通行政复议规定〉的决定》，自 2015 年 9 月 9 日起施行。

14 日　交通运输部等联合发布《交通运输部　环境保护部　商务部　国家工商行政管理总局　国家质量监督检验检疫总局　中国国家认证认可监督管理委员会　国家知识产权局　中国保险监督管理委员会关于印发〈汽车维修技术信息公开实施管理办法〉的通知》。明确汽车生产者应采用网上信息公开方式，公开所销售汽车车型的维修技术信息。

16 日　以“优选公交、绿色出行”为主题的 2015 年“公交出行宣传周”活动启动仪式在河南省郑州市举办。

23 日　交通运输部发布《交通运输部关于发布〈城市轨道交通行车调度员技能和素质要求〉等 27 项交通运输行业标准和部门计量检定规程的公告》。

23 日　交通运输部发布《交通运输部关于加强长途客运接驳运输动态管理有关工作的通知》。

23 日　交通运输部发布《交通运输部关于发布第 53 批高级客车（含公共汽车）类型划分及等级评定表的通知》。

29 日　交通运输部党组成员兼运输服务司司长刘小明在北京调研、督导运输企业“十一”黄金周安全保障情况及重点营运车辆联网联控系统。刘小明强调，要严格落实企业安全生产主体责任，推进重点营运车辆联网联控，确保运输企业安全发展。

10月

9 日　交通运输部办公厅等联合发布《交通运输部办公厅　财政部办公厅关于确定公路甩挂运输第四批试点项目的通知》。

10 日　交通运输部发布《关于深化改革进一步推进出租汽车行业健康发展的指导意见（征求意见稿）》和《网络预约出租汽车经营服务管理暂行办法（征求意见稿）》，进行为期一个月的公开征求意见。

10 日　环境保护部、公安部、财政部、交通运输部、商务部印发《关于全面推进黄标车淘汰工作的通知》。

14 日　交通运输部办公厅发布《交通运输部办公厅关于 2015 年第三季度 12328 电话系统运行情况的通报》。

17 日　交通运输部办公厅发布《交通运输部办公厅关于发布〈道路运输标准体系(2015 年)〉等四项标准体系的通知》。

25 日至 27 日　交通运输部党组成员兼运输服务司司长刘小明赴江苏，就开展综合运输服务、发展“互联网 + 智慧交通”进行专题调研。

26 日　交通运输部办公厅发布《交通运输部办公厅关于调整全国道路运输等 8 个标准化技术委员会委员的通知》。

26 日　交通运输部公布《出租汽车改革征求意见半个月情况》。

28 日　交通运输部等联合发布《公安部　中央文明办　教育部　司法部　交通运输部　国家安全监管总局关于印发〈2015 年“全国交通安全日”主题活动工作方案〉的通知》。

31 日　国务院办公厅印发《国务院办公厅关于促进农村电子商务加快发展的指导意见》，明确提出加强农村流通基础设施建设，加强农村公路建设，提高农村物流配送能力，全面促进农村电子商务健康快速发展。

11月

2 日　中国道路运输协会组织召开出租汽车改革座谈会，听取各地道路运输、出租汽车行业协会负责人的意见和建议。

3 日　交通运输部发布《交通运输部关于贯彻执行国务院办公厅有关专项督查黄标车淘汰工作以及做好环境保护部、公安部等五部委有关全面推进黄标车淘汰工作的通知》。

3 日　交通运输部等联合发布《交通运输部　财政部　工业和信息化部关于印发〈新能源公交车推广应用考核办法（试行）〉的通知》。

6 日　交通运输部发布《交通运输部关于公布第 13 批道路运输车辆卫星定位系统平台和车载终端的公告》。

10 日　交通运输部运输服务司公布《交通运输部公布深化出租汽车行业改革两个文件征求意见情况》。

10 日　交通运输部王昌顺副部长带队赴德国柏林参加了中德第四次绿色物流会议，运输服务司副司长王水平参会并做了《加快发展绿色物流，引领行业可持续发展》的发言。

13 日　交通运输部等联合发布《环境保护部　公安部　财政部　交通运输部　商务部关于全面推进黄标车淘汰工作的通知》。

16 日　全国长途客运接驳运输现场会在安徽合肥召开，交通运输部党组成员兼运输服务司长刘小明出席会议并发表讲话。

19 日　交通运输部办公厅发布《交通运输部办公厅关于印发〈12328 交通运输服务监督电话呼叫中心人员培训大纲〉的通知》。

26 日　交通运输部、国家发展改革委组织召开了全国现代物流工作部际联席会议，公安部、财政部、工信部等 14 个部委参加会议。会议。会议围绕物流市场诚信体系建设，车辆运行车治理等主题进行讨论，达成了工作共识，提出了下步推进工作的要求。

28 日　交通运输部公布《深化出租汽车行业改革两个文件征求意见总体情况分析报告》。

30 日　交通运输部发布《交通运输部关于公布第 32 批道路运输车辆燃料消耗量达标车型的公告》。

12月

3 日　交通运输部办公厅发布《交通运输部办公厅关于印发〈汽车维修技术信息公开备案工作指南（暂行）〉的通知》。

9 日至 13 日　中老、中越国际道路运输会议在广东省广州市召开。中老、中越交通、外交、海关、边防、质检等政府主管部门和边境省区交通运输主管部门及部分企业的代表参加会议。交通运输部党组成员兼运输服务司司长刘小明出席会议并分别会见了老挝公共工程与运输部党组成员、运输司司长圆沙瓦·西盘顿和越南公路总局局长阮文现。

10 日　国务院办公厅转发《公安部、交通运输部关于推进机动车驾驶人培训考试制度改革意见的通知》，并与公安部联合召开新闻发布会，提出推行计时培训计时收费、先培训后付费、试点小型汽车驾驶人自学直考等多项改革措施。

10 日至 12 日　2015 中国（小谷围）“互联网 +”运输服务创客大赛总决赛在广东省广州市举行，历时 4 个月的赛程圆满收官。

15 日　交通运输部发布《关于加强道路与铁路运输服务衔接保障春运期间旅客便捷出行的通知》，要求各地交通运输主管部门加强春运期间道路与铁路运输服务衔接，提升综合运输服务整体效能，畅通旅客出行“最先和最后一公里”，让广大旅客切实感受到接续顺畅、换乘便捷。

17 日　在国务院总理李克强和来访的俄罗斯联邦总理梅德韦杰夫的见证下，交通运输部部长杨传堂与俄罗斯联邦运输部部长索科洛夫在京共同签署了《中华人民共和国交通运输部与俄罗斯联邦运输部关于中俄货运车辆经哈萨克斯坦领土临时过境货物运输协议》。

20 日　交通运输部在宁夏银川市召开公交都市创建中期推进会。交通运输部党组成员兼运输服务司司长刘小明在讲话中指出，“十三五”期要充分践行“创新、协调、绿色、开放、共享”五大发展理念，全面推进公交都市创建和公交优先发展，努力建设群众出行满意、行业发展可持续的公交服务体系。

21 日　交通运输部发布《交通运输部关于公布质量不合格道路运输车辆卫星定位系统车载终端的公告》。

21 日　交通运输部党组成员兼运输服务司司长刘小明在京会见了来访的蒙古国交通运输部国务秘书巴特额尔登一行，双方就进一步深化两国交通运输合作深入交换了意见。

22 日　交通运输部等联合发布《国家发展改革委　交通运输部　公安部　国家安全监管总局关于认真做好 2016 年春运工作的通知》。

22 日　交通运输部召开提升道路运输行业从业人员素质工作会议。杨传堂部长批示要求，各级交通运输部门要切实组织实施好从业人员素质提升工程，不断增强行业吸引力，让广大从业人员体面劳动、快乐生活。部党组成员兼运输服务司司长刘小明出席会议并讲话。

22 日　交通运输部、中华全国总工会通报表扬北京北汽出租汽车集团许平等 142 名“爱岗敬业驾驶员楷模”、北京首汽滕迪汽车销售服务有限公司张平等 81 名“爱岗敬业汽修工楷模”，号召全国运输服务行业和广大运输从业者向他们学习。

25 日　交通运输部召开 2015 年第四季度道路运输安全生产季度分析电视电话会议。部党组成员兼运输服务司司长刘小明在会上强调，要科学把握安全工作规律，深化道路运输风险管理，扎实推进营运车辆联网联控，牢牢拧紧安全“扣”，用更严更实的作风抓好道路运输安全管理工作，切实保障冬季和“两节”道路运输安全。

28 日　2016 年全国交通运输工作会议在交通运输部党校召开。交通运输部党组书记、部长杨传堂做交通运输工作报告。按照中央经济工作会议部署，会议总结“十二五”交通运输工作，分析形势，研究“十三五”交通运输发展总体思路，部署 2016 年重点工作。

30 日　交通运输部等联合发布《交通运输部　公安部　国家安全生产监督管理总局　中华全国总工会　共青团中央关于春运期间深入开展“情满旅途”活动的通知》。

31 日　交通运输部办公厅发布《交通运输部办公厅关于做好 2015 年度城乡道路客运成品油价格补助申报工作的通知》。

附录 2　国际道路运输发展情况与主要指标

第一节　欧盟道路运输发展情况[1]

一、概述

1. 交通运输量增长

经过 20 年的发展，欧盟综合交通网络规模不断扩大、结构更趋合理，有效支撑了各个成员国的经济社会发展。2013 年，货运周转量总量达到 34810 亿吨公里，其中公路货运周转量占总量的 49.4%；客运周转量达到 64650 亿人公里，其中道路客运周转量占总量的 82.3%。货运周转量在 2003 至 2007 年之前高速增长，然而受到金融危机等外界不确定因素的影响，在 2008 年和 2009 年大幅下降，近 3 年内小幅回升；客运周转量呈平稳增长趋势。1995—2013 年欧盟客、货运周转量及 GDP 变化趋势如附图 2-1 所示。

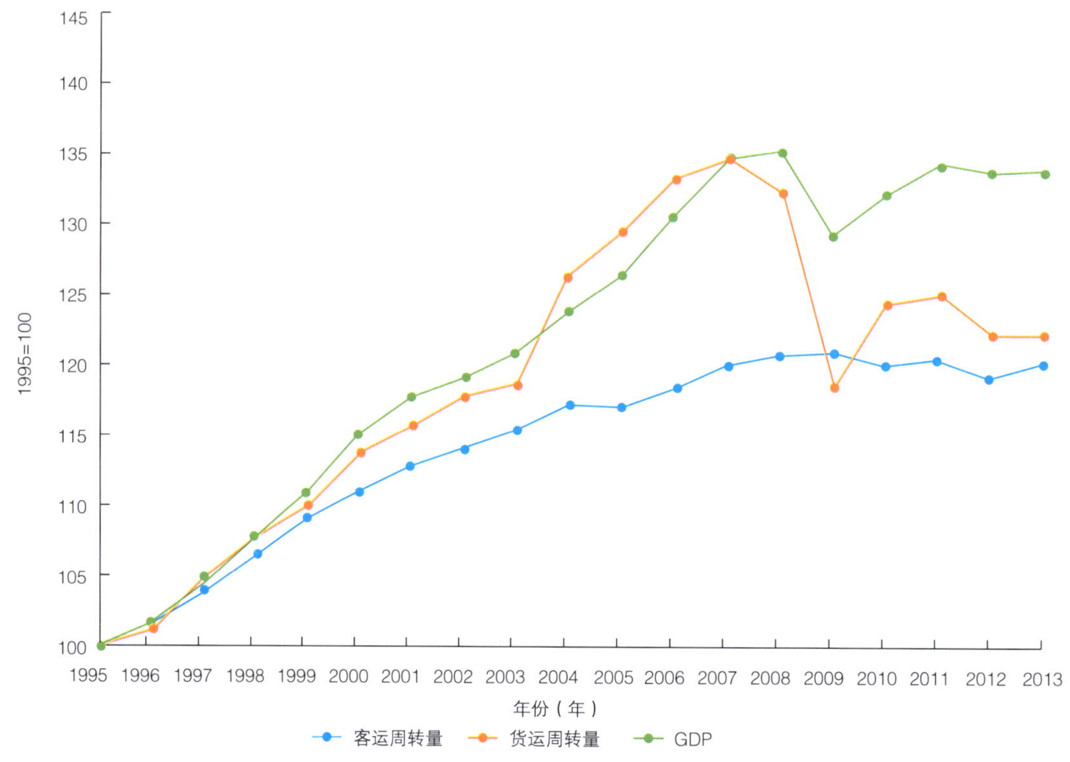

附图 2-1　EU-28 1995—2013 年欧盟客运周转量、货运周转量、GDP 增长趋势（以 1995 年为基准）

2. 交通运输行业吸纳就业人数情况

根据欧盟委员会提供的最新完整数据，2012 年，交通运输与仓储服务业的从业人数达到 1054.6 万人，占社会总就业人数的 5.1%。其中，从事与地面运输（道路运输、铁路运输和管道运输）的从业人员

[1] 欧盟道路运输发展情况的数据来源：欧盟交通局，数据均统一成可比口径。

占52.5%，从事水路运输（航运和内河运输）的从业人员占1.9%，从事航空运输的从业人员占3.5%，从事仓储支持类运输活动（例如货物装卸、储存和辅助活动）的从业人员占24.7%，从事邮政快递活动的从业人员占17.4%。

3. 家庭支出情况

2013年，欧盟家庭单元在交通运输有关项目上的开支总量为9614.6亿欧元（折合人民币约69450亿元），占家庭消费总支出的12.8%。其中，25.8%的支出（约2482.1亿欧元，折合人民币17904亿元）用于购买运输装备；超过50%的支出（5201.7亿欧元，折合人民币37521亿元）用于个人运输装备的维护（例如燃料供给等）；其余20.1%的支出（1930.7亿欧元，折合人民币13927亿元）用于购买运输服务（例如支付车、船、飞机票费用）。2013年欧盟家庭单元在交通运输有关项目上的开支情况如附表2-1所示。

EU-28 2013年欧盟家庭单元在交通运输有关项目上的开支情况　　**附表2-1**

项　目	交通运输开支	包　括			交通运输开支占家庭总支出的比例	平均每人运输支出
		购买运输设备	个人运输设备维护	购买运输服务		
单位	亿欧元	亿欧元			%	欧元
数额	9614.6	2482.1	5201.7	1930.7	12.8	1900

4. 运输安全

道路：2013年，全欧范围内共发生道路交通事故105.5万起，同比减少2.3%；共有25938人因道路事故死亡（包括重伤30天内死亡的人员），同比减少7.8%。相比较2001年，2013年道路事故造成死亡人数已经减少了一半多（−52.8%），这表明21世纪以来欧盟在各成员国大力倡导提升道路安全方面已经取得了巨大成效。

铁路：2013年，全欧有97名乘客因铁路事故死亡。这项统计数据不包括偶然因素导致死亡的铁路职工及其他人员。

航空：2013年，120名乘客因航空事故死亡。

5. 交通运输行业总增加值

就欧盟所有成员国而言，2012年交通运输与仓储服务行业产生的增加值占总增加值的4.9%。这项指标只统计向社会提供交通运输以及与运输有关服务的企业。

6. 总结

总的来看，道路运输在欧盟综合交通运输体系中发挥着基础性、主导性作用。道路运输完成货运周转量及旅客周转量所占比例分别为49.4%和82.3%，在各种运输方式中名列首位；家庭消费方面，用于购买运输装备和维护装备的支出占家庭消费比例约10.2%，乘坐私家车仍然是欧盟居民较为青睐的出行方式。然而，道路运输安全生产形势相对严峻，2013年因道路事故死亡人数远高于铁路事故，因此通过改善道路交通安全从而提高综合交通体系的安全性仍然有较大空间。

二、货物运输绩效

2013年，全欧范围内货物运输周转量为34810亿吨公里。这项统计数据只包含联盟内运输，不包含跨区域国际运输。公路、沿海航运、铁路、内陆水运、管道和民航完成货运周转量分别占总量的49.4%、31.3%、11.6%、4.4%、3.2%和0.1%。

在欧盟官方资料当中，货物运输绩效主要是通过货物周转量进行表达。1995 至 2013 年期间，道路运输和沿海航运占据全欧货物运输的主导地位，2013 年道路运输和沿海航运完成的货运周转量分别为 17194 亿吨公里和 10886 亿吨公里；铁路运输完成货运周转量则多年保持在 4000 亿吨公里水平；内河、管道运输完成货运周转量维持在 1000 ~ 1500 亿吨公里区间；航空运输完成货运周转量则保持在 20 亿吨公里左右。1995—2013 年不同运输方式完成的货运周转量及变化趋势如附图 2-2 所示。

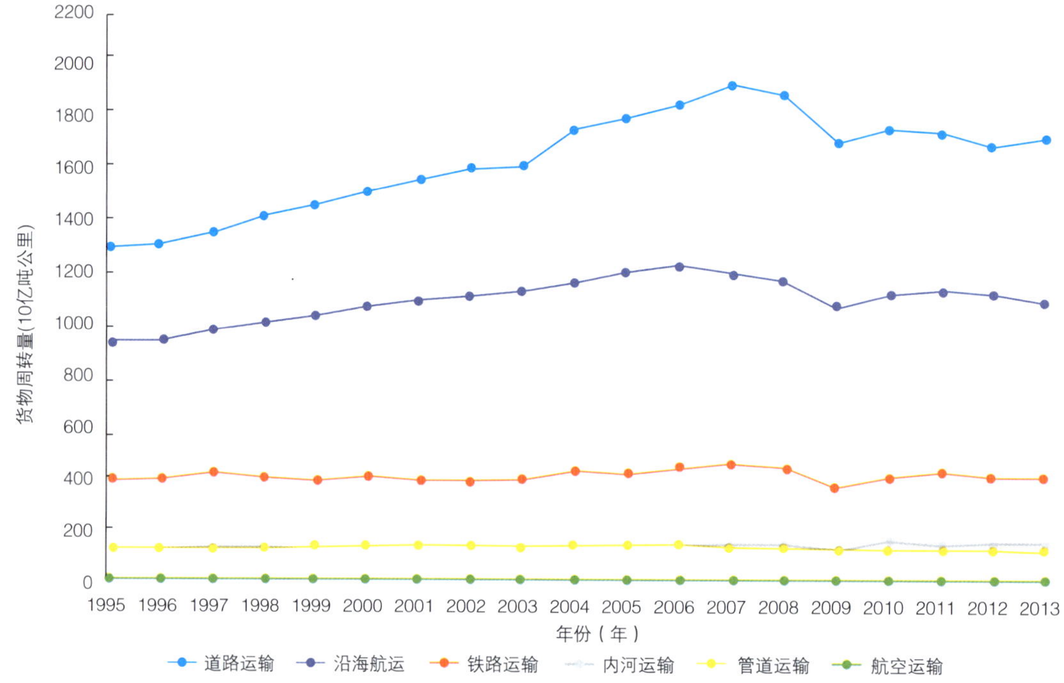

附图 2-2　EU-28 1995—2013 年欧盟不同运输方式完成的货运周转量及变化趋势

从模式分担来看，道路运输完成的货运周转量占总量比例维持在 45% 以上，2013 年道路运输货运周转量比例为 49.4%，同比增长 4.5 个百分点。2013 年，沿海航运和内河运输完成的货运周转量占总量比例分别为 31.3% 和 4.4%，同比分别下降 5.9 个和增加 0.4 个百分点。2009—2013 年不同运输方式完成的货运周转量占比情况如附图 2-3 所示。

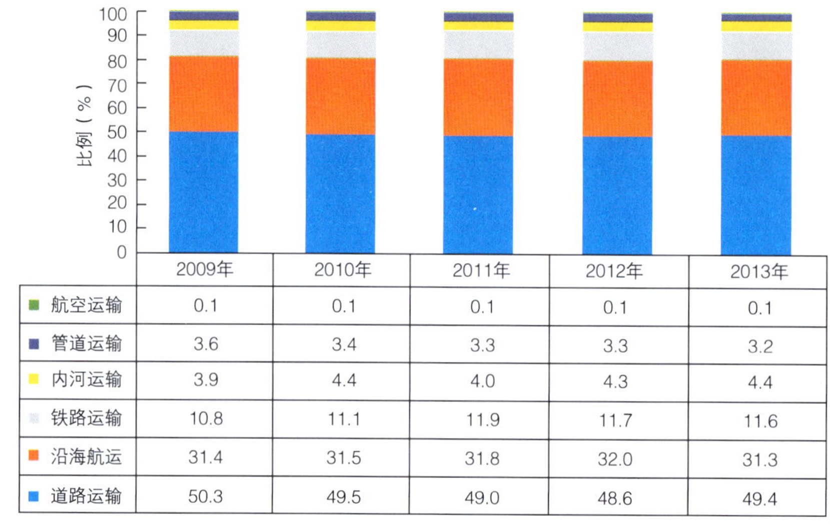

	2009年	2010年	2011年	2012年	2013年
航空运输	0.1	0.1	0.1	0.1	0.1
管道运输	3.6	3.4	3.3	3.3	3.2
内河运输	3.9	4.4	4.0	4.3	4.4
铁路运输	10.8	11.1	11.9	11.7	11.6
沿海航运	31.4	31.5	31.8	32.0	31.3
道路运输	50.3	49.5	49.0	48.6	49.4

附图 2-3　EU-28 2009—2013 年欧盟不同运输方式完成的货运周转量占比情况

三、旅客运输绩效

2013 年，全欧范围内采用机动化运输方式 (Moterised Means of Transport) 完成的客运周转量达到 64650 亿人公里，折合人均客运周转量 12834 公里。这项统计数据只包含联盟内运输，不包括跨区域国际运输。客运小汽车（含机动二轮车）、航空、客运班线、铁路、轨道交通和沿海航运完成旅客周转量分别占总量的 74.2%、9.0%、8.1%、6.6%、1.5% 和 0.6%。

在欧盟官方资料当中，旅客运输绩效主要是通过客运周转量进行表达。2013 年，全欧营运客车完成道路客运周转量 53238.1 亿人公里，同比增长 1.1%，其中私家车完成客运周转量 46722.6 亿人公里，同比增长 1.3%；公交车及班线完成客运周转量 5264.8 亿人公里，同比增加 0.5%；电动双轮车 (powered two-wheels) 完成客运周转量 1250.6 亿人公里，同比下降 0.5%。总体来看，2013 年道路客运周转量同比有所增加，私家车、公交车及班线完成的客运周转量同比小幅增长，电动双轮车完成客运周转量同比小幅下降。1995—2013 年不同运输方式完成的客运周转量及变化趋势如附图 2-4 所示。

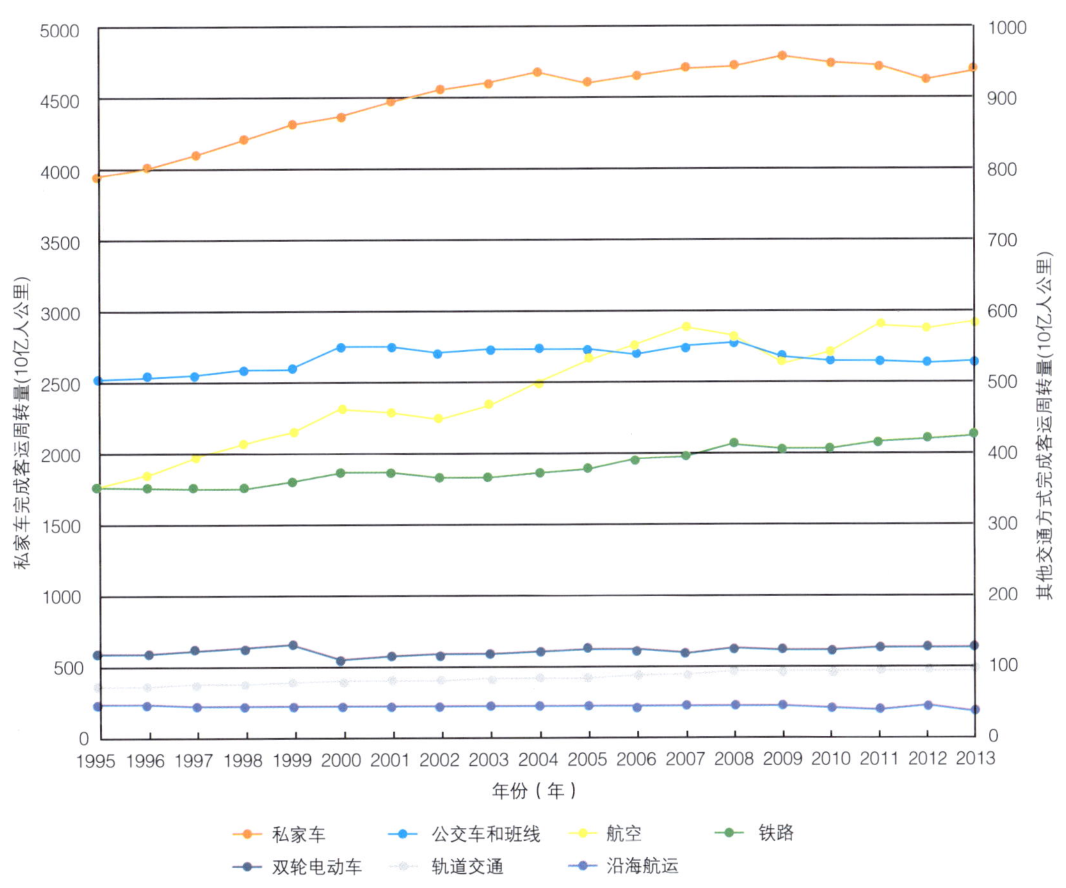

附图 2-4　EU-28 1995—2013 年欧盟不同运输方式完成的客运周转量及变化趋势

欧盟对陆地运输 (Surface Transport) 中各种运输方式完成客运周转量情况进行了统计分析。2013 年，私家车完成的客运周转量占陆地运输总量比例为 80.0%，表明私家车在陆地旅客运输体系中发挥基础性作用；公交车和班线完成的客运周转量占总量的 9%；铁路和轨道交通完成的客运周转量占总量比例分别为 7.3% 和 1.6%。2013 年陆地运输体系中不同运输方式完成的客运周转量的占比情况如附图 2-5 所示。

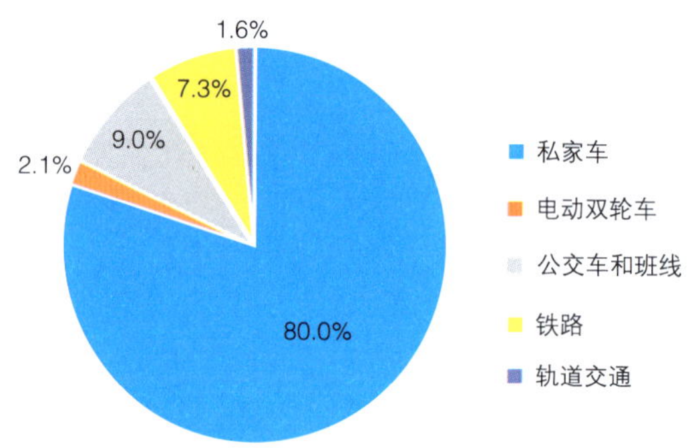

附图 2-5 EU-28 2013 年欧盟陆地运输体系中不同运输方式完成的客运周转量占比情况

四、道路运输行业市场构成

截至 2012 年年末，全欧道路运输企业数量为 110.8 万户，同比下降 0.7%。其中从事道路货物运输的企业数量为 57.3 万户，同比下降 3.2%；从事道路旅客运输的企业数量为 34.3 万户，同比增长 1.7%；从事仓储和相关服务的企业数量为 13.7 万户，同比增长 1.5%；从事邮政和快递的企业数量为 5.5 万户，同比增长 3.8%。邮政快递企业数量同比增长幅度较大。2012 年欧盟道路运输企业构成及数量如附图 2-6 所示。

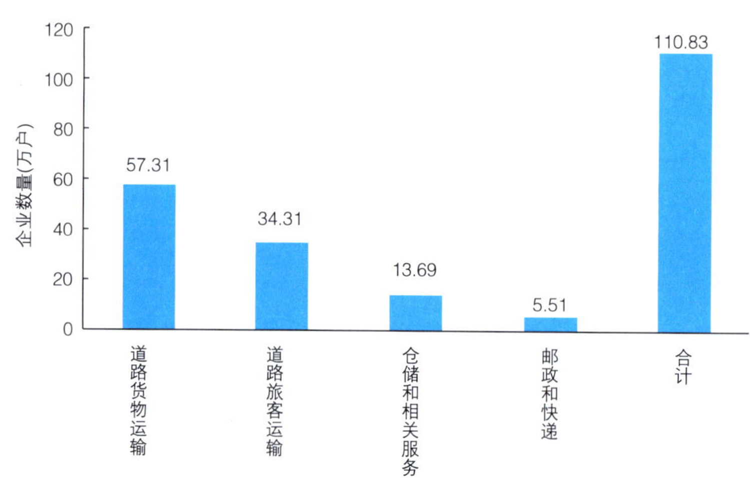

附图 2-6 EU-28 2012 年欧盟道路运输企业构成及数量

截至 2012 年年末，全欧道路运输从业人员为 937.0 万人，同比增长 0.1%。其中从事道路货物运输的人员数量为 294.6 万人，同比下降 1.8%；从事道路旅客运输的人员数量为 198.6 万人，同比增长 5.8%；从事仓储和相关服务的人员数量为 260.2 万人，同比增长 2.8%；从事邮政和快递的人员数量为 183.4 万人，同比下降 1.2%。2012 年欧盟道路运输从业人员构成及数量如附图 2-7 所示。

2012 年，道路运输行业实现营业收入 10241 亿欧元，同比增长 3.8%，其中道路货物运输实现收入 3121 亿欧元，同比增长 0.7%；道路旅客运输实现收入 1213 亿欧元，同比增长 11.2%；仓储和其他辅助活动实现收入 4788 亿欧元，同比增长 4.0%；邮政和快递实现收入 1119 亿欧元，同比增长 4.8%。相比而言，货物运输实现收入约为旅客运输的 3 倍；仓储和其他辅助活动实现收入则明显高于货运、客运及邮政和快递等子领域。2012 年道路运输行业实现营业收入情况如附图 2-8 所示。

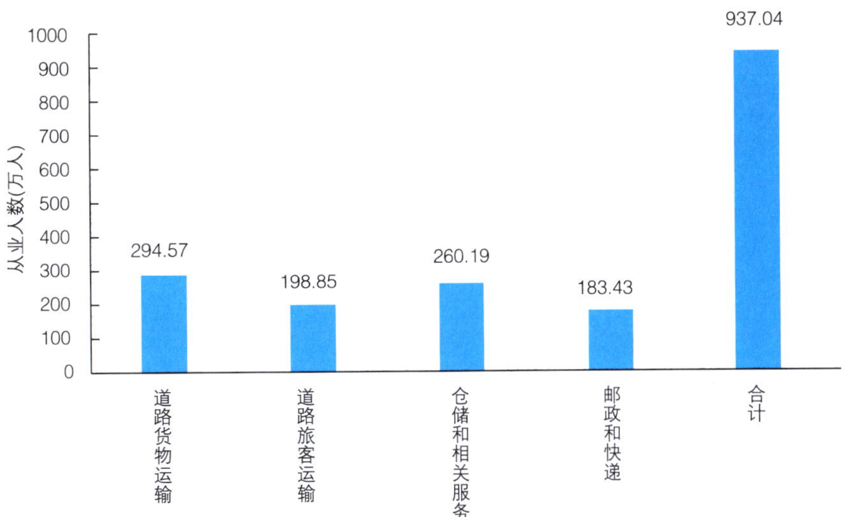

附图 2-7　EU-28 2012 年欧盟道路运输从业人员构成及数量

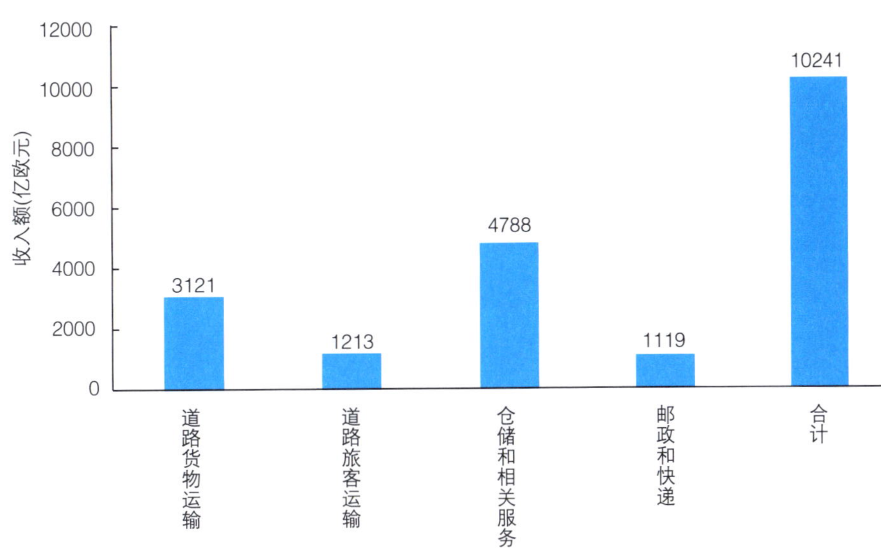

附图 2-8　EU-28 2012 年欧盟道路运输行业实现营业收入情况

2013 年，全欧范围内共有私家车存底 24800 万辆，同比增长 0.9%；公交车及长途汽车存底 82.3 万辆，同比增加 0.5%；货车（商用车）存底 3553.7 万辆，同比增加 0.6%；机动化率达到 491 辆 / 千人，同比持平。2013 年欧盟道路运输运力构成及规模如附表 2-2 所示。

EU-28 2013 年欧盟道路运输运力构成及规模　　　　**附表 2-2**

类　型	2012 年	2013 年	同比变化
私家车（万辆）	24591	24800	0.8%
机动化率（辆 / 千人）	488	491	0.6%
公交车及长途汽车（万辆）	81.8	82.3	0.6%
货车（商用车）（万辆）	3532.2	3553.7	0.6%

2014 年，全欧范围内共有新注册私家车 1255.7 万辆，同比增加 5.7%；新注册公交车及长途汽车 3.8 万辆，同比增长 0.1%；新注册货车（商用车）177.8 万辆，同比增长 8.1%，其中，新注册轻型（载重小于 3.5 吨）货车 154.2 万辆，同比减少 15.6 万辆；新注册中型（载重大于 3.5 吨且小于 16 吨）货车 5.7 万辆，同比减少 0.9 万辆；新注册重型（载重大于 16 吨）货车 17.9 万辆，同比减少 1.4 万辆。可以看出，货车（商用车）新增运力呈现轻型化发展趋势。2014 年欧盟道路运输行业新注册车辆数量及同比变化情况如附表 2-3 所示。

EU-28 2014 年欧盟道路运输行业新注册车辆数量及同比变化情况（单位：万辆） **附表 2-3**

类　型		2013 年	2014 年	同比变化
私家车		1188.4	1255.7	5.7%
公交车及长途汽车		3.8	3.8	—
货车（商用车）		164.5	177.8	8.1%
按载重分	轻型（<3.5 吨）	138.6	154.2	11.3%
	中型（3~16 吨）	6.6	5.7	−14.4%
	重型（>16 吨）	19.3	17.9	−7.1%

五、交通运输基础设施建设

截至 2012 年年末，欧盟铁路营运里程、等级公路里程、高速公路里程、内河航道里程、油气运输管道里程分别达到 21.5 万公里、500 万公里、7.3 万公里、4.2 万公里和 3.7 万公里，铁路营业里程、等级公路里程在世界上各主要经济体中处于领先地位（附表 2-4）；从人均路网资源占有情况来看，人均铁路营业里程为 0.43 米，在各主要经济体中排第 3 位，人均公路里程 9.87 米，在各主要经济体中排第 2 位（附表 2-5）；从路网密度来看，铁路密度、公路密度、高速公路密度分别为 4.82 公里 / 百平方公里、111.85 公里 / 百平方公里、1.64 公里 / 百平方公里，在各主要经济体中排第 2 位（附表 2-6）。

2012年欧盟与其他主要经济体综合交通网络规模和结构对比 **附表2-4**

指　标	EU-28	美国	日本	中国	俄罗斯
铁路营业里程（万公里）	21.53	20.55	2.01	9.76	8.56
电气化率（%）	0.54	—	0.62	0.36	0.50
等级公路里程（万公里）	500.00	425.83	98.30	360.96	103.80
高速公路里程（万公里）	7.32	9.20	0.81	9.62	5.09
内河航道里程（万公里）	4.19	4.02	—	12.50	10.20
油气运输管道里程（万公里）	3.73	29.86	—	9.16	5.50

2012 年欧盟与其他主要经济体综合交通网络人均资源对比（单位：米 / 人） **附表 2-5**

指标	EU-28	美国	日本	中国	俄罗斯
人均铁路营业里程	0.43	0.65	0.16	0.07	0.60
人均等级公路里程	9.87	13.47	7.72	2.66	7.23
人均高速公路里程	0.14	0.29	0.06	0.07	0.35
人均内河航道里程	0.08	0.13	—	0.09	0.71

2012 年欧盟与其他主要经济体综合交通网络密度对比（单位：公里 / 百平方公里） **附表 2-6**

指标	EU-28	美国	日本	中国	俄罗斯
铁路密度	4.82	2.13	5.33	1.02	0.50
公路密度	111.85	44.22	260.09	37.61	6.08
高速公路密度	1.64	0.96	2.14	1.00	0.30
内河航道密度	0.94	0.42	—	1.30	0.60

第二节 美国道路运输发展情况[1]

一、概述

1. 交通运输量情况

2013 年，交通运输完成的货运量为 200.63 亿吨，周转量为 98507.9 亿吨公里，创造的产值为 179830 亿美元，其中公路运输完成的货运量为 145.5 亿吨，周转量为 42003.9 亿吨公里，产值为 129440 亿美元，分别占总量的 72.5%、42.6% 和 72.0%，公路运输是货物运输最主要的方式，尤其是适合短距离运输。

2013 年，交通运输完成的旅客运输周转量为 79437.2 亿人公里，其中道路运输完成的旅客周转量为 69309.9 亿人公里，完成总量的 87.3%。道路出行一直深受美国居民的青睐，是出行最主要的交通方式，其中轻型车辆完成道路客运周转量的 85.6%。

2. 交通支出情况

2014 年，美国每个家庭在交通方面的支出为 9073 美元，比 1985 年多出 4486 美元，占家庭税前收入的 13.6%，比 1985 年下降 4.7 个百分点。如附图 2-9 所示，30 年的时间内，交通支出基本上呈不断增加趋势，交通支出占税前收入的比例呈下降趋势。

2014 年，平均家庭支出为 53495 美元，其中交通支出所占比例为 17%（附图 2-10），车辆购置支出占交通支出的 35.3%，燃油支出和其他车辆费用分别占交通支出的 29.4%，而在公交和其他交通方式的支出只占 5.9%。

[1] 美国道路运输发展情况的数据来源：美国交通部，数据均统一成可比口径。

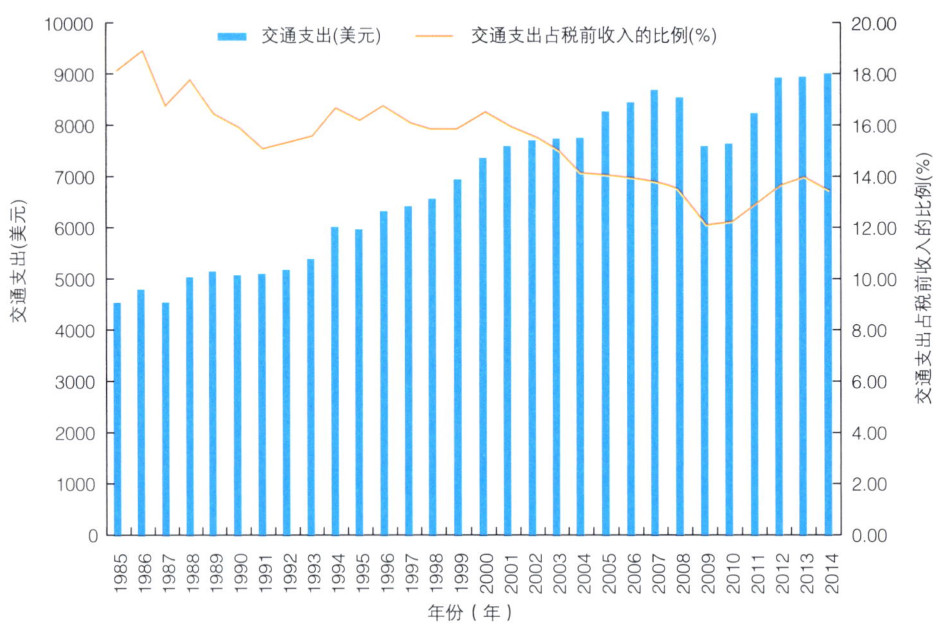

附图 2-9　1985—2014 年美国交通支出和收入的关系

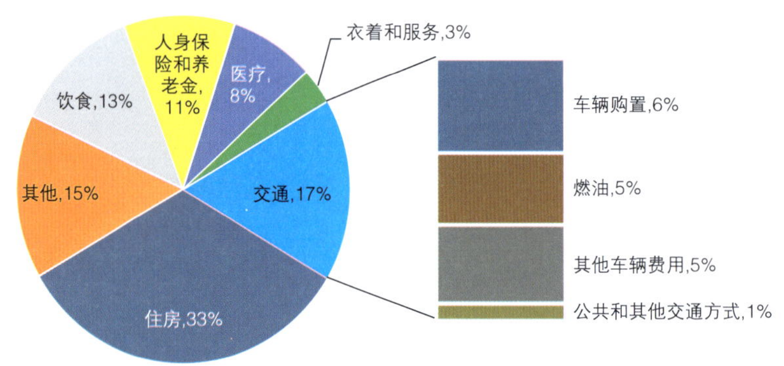

附图 2-10　2014 年美国家庭支出的构成

2013 年，交通总成本为 15991 亿美元，占 GDP 的 9.5%，比 1995 年下降了 0.6 个百分点，如附图 2-11 所示，交通总成本占 GDP 的比重从 10% 以上减少到 10% 以下，交通运输效率有所提升。

3. 交通安全情况

2013 年，美国道路安全形势不断改善，其中死亡人数为 34509 人，比 2003 年减少 10612 人，减少了 23.5%，受伤人数为 233.4 万人，比 2003 年减少 19.7%。2013 年，小客车事故引起的死亡人数和受伤人数分别为 11977 人和 129.6 万人，小客车事故造成的死亡人数占交通事故死亡人数的比例最高，具体数据见附表 2-7 和附表 2-8。

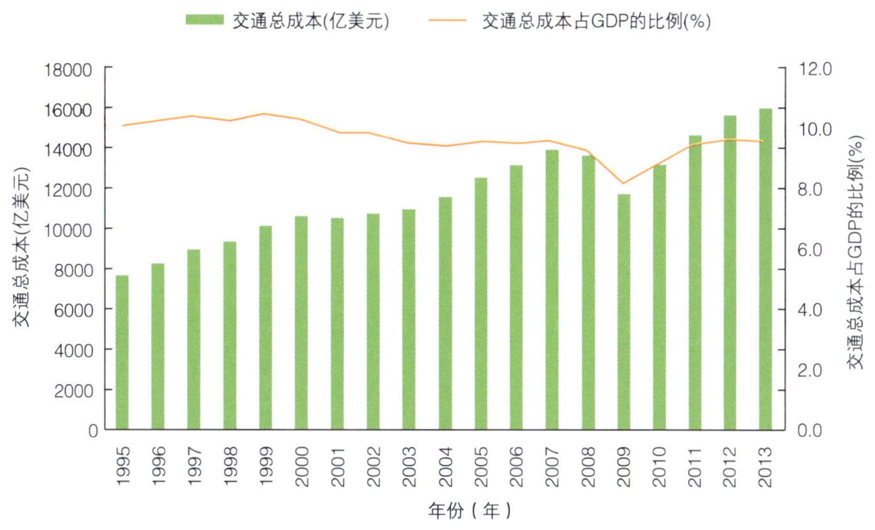

附图 2-11 1995—2013 年美国交通总成本和 GDP 的关系

美国 2003 年和 2013 年交通事故死亡人数（单位：人） **附表 2-7**

年份 / 交通事故死亡人数	2003 年	2013 年
小客车事故	19725	11977
摩托车事故	3714	4668
轻型载货汽车事故	12546	9155
重型载货汽车事故	726	691
公共汽车事故	41	48
行人事故	4774	4735
自行车事故	629	743
其他事故	729	702

美国 2003 年和 2013 年交通事故受伤人数（单位：万人） **附表 2-8**

年份 / 交通事故受伤人数	2003 年	2013 年
小客车事故	175.6	129.6
摩托车事故	6.7	8.8
轻型载货汽车事故	88.9	75.0
重型载货汽车事故	2.7	2.4
公共汽车事故	1.8	2.3
行人事故	7.0	6.6
自行车事故	4.6	4.8
其他事故	1.5	1.6

4. 道路拥堵情况

随着人们出行次数的增加，交通拥堵日益严重。1985 年，美国平均每辆通勤汽车的平均延误为 21 小时，之后 30 年，美国平均每辆通勤汽车的平均延误基本上逐年增加（附图 2-12），到 2014 年达到 42 小时，延误时间增加了 1 倍，拥堵最严重的前十名城市的延误时间已经超过 50 小时，华盛顿和洛杉矶的每辆汽车平均延误已超过 80 小时，如附图 2-13 所示。

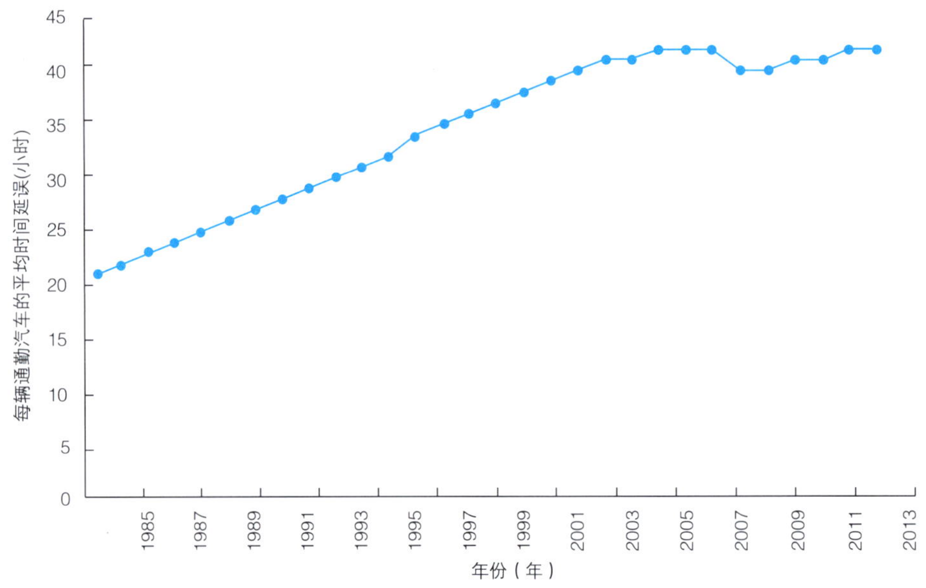

附图 2-12　1985—2014 年美国通勤汽车平均时间延误情况

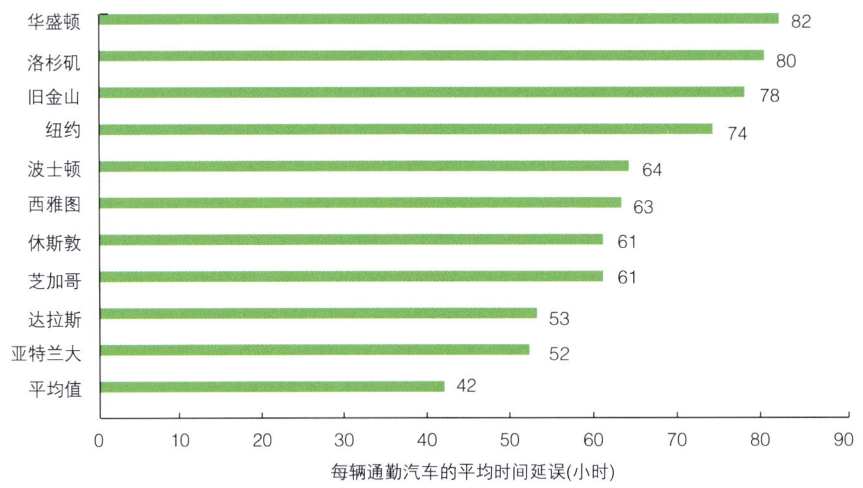

附图 2-13　美国 2014 年时间延误最严重的十大城市

5. 运输耗能情况

能源消耗主要包括工业、交通、居住和商业方面的消耗，其中工业上的能源消耗最大，交通上的能源消耗量排第二位。如附图 2-14 所示，交通能源消耗逐年增加，由 1960 年的 10.6 千兆英热单位增加到 27.1 千兆英热单位，增加了 155.7%。交通消耗的能源有石油、天然气和可再生资源，其中石油仍是交通消耗的主要能源，占到 92%（附图 2-15），能源利用的结构需进一步优化。

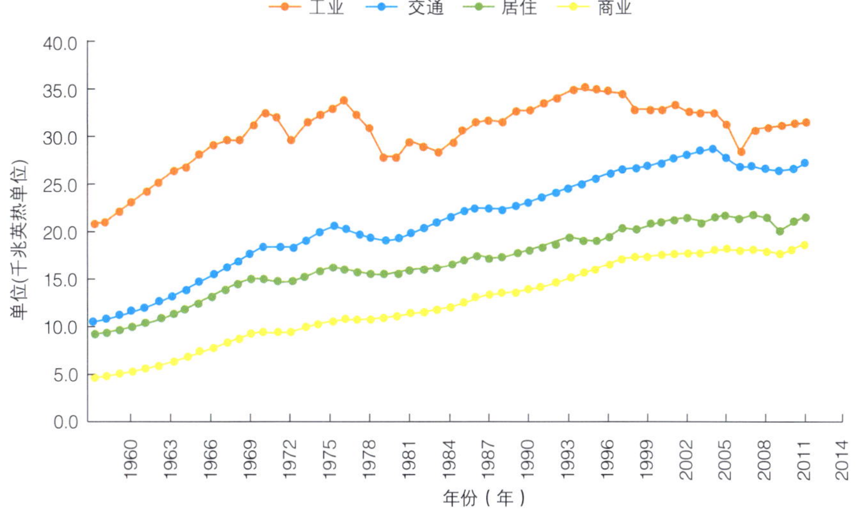

附图 2-14　1960—2014 年不同行业能源消耗情况

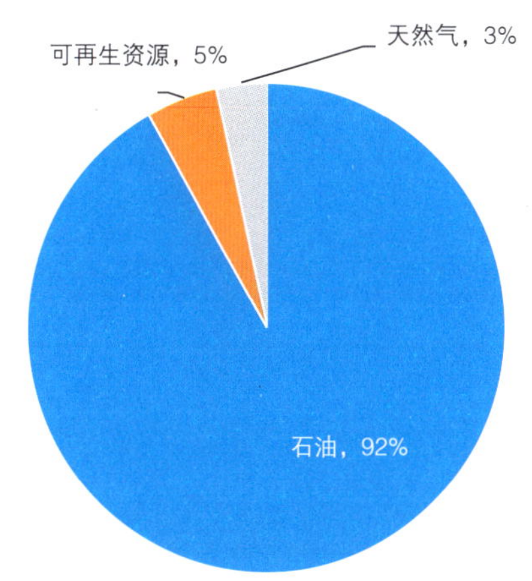

附图 2-15　2014 年交通行业消耗的能源构成

二、货物运输绩效

美国的货运业发展不断取得新成绩。2013 年产值达到 179830 亿美元，比 2002 年增长 26.7%，比 2007 年增长 8.0%，其中公路运输产值为 129440 亿元，占总数的 72.0%。2013 年公路货运量 145.5 亿吨，占总货运量的 72.5%；公路货运周转量 42003.9 亿吨公里，占总量的 42.6%。公路货物运输在所有运输方式中占主导地位。具体数据见附表 2-9、附表 2-10、附表 2-11。

美国 2002 年、2007 年和 2013 年货运产值　（单位：亿美元）　**附表 2-9**

年份 货运产值	2002 年	2007 年	2013 年
公路运输	111650	121930	129440
铁路运输	4680	5740	6450

续上表

货运产值＼年份	2002 年	2007 年	2013 年
水路运输	1130	2120	1800
航空运输	3720	3570	3320
管道运输	3090	7870	11410
多式联运	13670	19250	20710
其他	4030	6030	6690
合计	141960	166510	179830

美国 2002 年、2007 年和 2013 年货运量 （单位：亿吨） **附表 2-10**

货运量＼年份	2002 年	2007 年	2013 年
公路运输	119.43	133.36	145.47
铁路运输	19.78	20.24	20.16
水路运输	6.80	6.55	5.69
航空运输	0.05	0.05	0.05
管道运输	15.74	16.59	16.92
多式联运	3.20	5.83	6.57
其他	7.16	6.17	5.77
合计	172.15	188.79	200.63

美国 2002 年、2007 年和 2013 年货物周转量 （单位：亿吨公里） **附表 2-11**

货运周转量＼年份	2002 年	2007 年	2013 年
公路运输	36709.14	37787.40	42003.88
铁路运输	22015.83	24494.22	25250.61
水路运输	6775.34	7242.05	6308.63
航空运输	96.56	144.84	193.12
管道运输	14178.32	13759.89	14387.54
多式联运	7724.85	7547.82	8835.30
其他	1641.53	1384.04	1544.97
合计	89141.56	92376.35	98507.95

三、旅客运输绩效

2013 年，美国道路客运指标为 48092.4 亿车公里和 69309.9 亿人公里，其中轻型车辆共完成 43094.6 亿车公里和 59356.1 亿人公里（附表 2-12），分别占总量的 89.6% 和 85.6%。

美国 2013 年客运指标　　　　**附表 2-12**

类型＼指标	指标 1（亿车公里）	指标 2（亿人公里）
轻型车辆	43094.55	59356.12
摩托车	327.76	353.04
载货汽车	4425.99	4425.99
公共汽车	244.09	5174.75

2014 年，76.5% 的通勤人员选择自驾出行，9.2% 的选择拼车出行，选择私家车出行的一共占到 85.7%，如附图 2-16 所示。

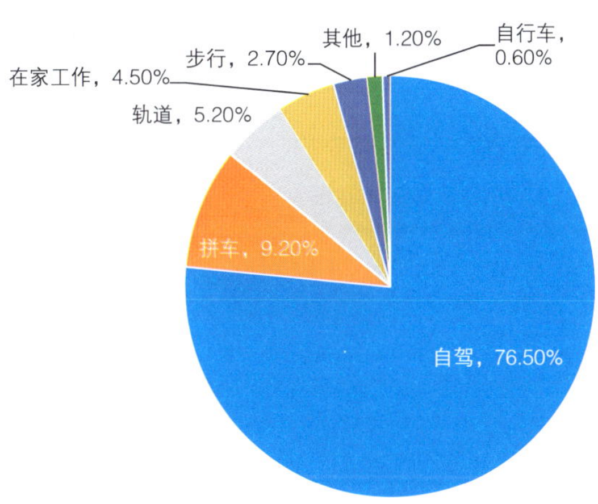

附图 2-16　美国 2014 年通勤人员出行方式分布

因此，在美国选择轻型汽车出行的人数仍为主体，私家车出行一直是人们出行的首选。

四、交通运输行业就业情况

2013 年，运输行业从业人员为 1279.4 万人，比 2003 年减少 3.4%，运输及仓储行业从业人员为 449.5 万人，比 2003 年增加 7.4%，其中道路从业人员为 138 万人，占运输及仓储从业人员的 30.7%，比 2003 年多 5.4 万人。除运输及仓储行业就业增加外，其他方面就业出现不同程度的减少，说明运输及仓储方面的需求越来越大。具体数据见附表 2-13。

美国 2003 年和 2013 年交通行业就业情况(单位:万人)　　附表 2-13

分类＼年份		2003 年	2013 年
运输及仓储行业从业人员		418.5	449.5
1	航空	52.8	44.9
2	铁路	21.8	23.2
3	水路	5.5	6.6
4	道路	132.6	138.0
5	轨道和地面运输	38.2	44.6
6	管道	4.0	4.4
7	景区	2.7	2.9
8	辅助活动	52.0	59.4
9	快递邮政方面	56.2	54.4
10	仓储	52.8	71.2
运输相关制造业		215.1	182.1
其他与运输相关产业		520.1	502.1
邮电业		80.9	59.5
政府部门		89.4	86.2
总计		1324.0	1279.4

五、交通运输基础设施配置

2013 年，美国交通网络进一步发展，路网总长度为 2477.4 万公里，比 2003 年增加 5.13%，其中道路网总长为 2055.4 万公里，占交通网络总长度的 83.0%，远远高于其他方式的路网规模，可见道路网络在美国是非常发达的。具体数据见附表 2-14。

美国 2003 年和 2013 年路网规模　(单位:万公里)　　附表 2-14

路网规模＼年份	2003 年	2013 年	变化率
道路	1977.76	2055.37	3.92%
管道	353.61	397.41	12.39%
铁路	19.60	18.76	–4.28%
城市轨道	1.51	1.80	19.01%
水路	4.02	4.02	0.00%
合计	2356.51	2477.39	5.13%

2000—2010 年，道路质量逐年改善，如附图 2-17 所示。2010 年，道路质量进一步提高，60% 的道路路面处于良好状态，比 2000 年高出 12 个百分点，比 2008 年高出 3 个百分点。

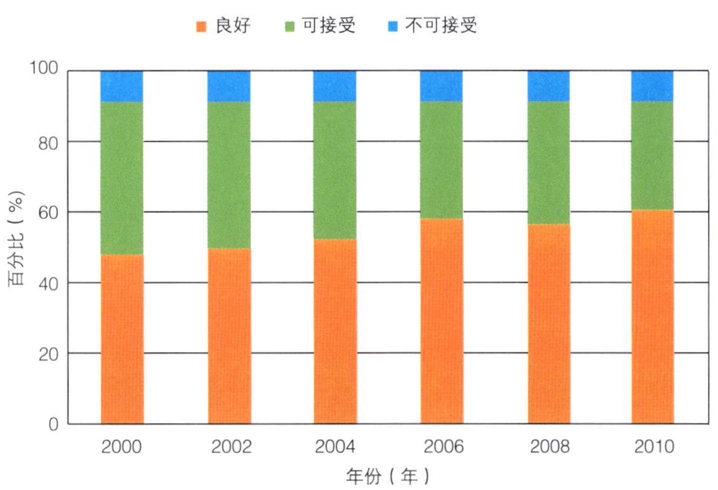

附图 2-17　2000—2010 年美国道路路面质量情况

2013 年，美国不同类型的车辆均有所增加，轻型车辆约为 23601 万辆，比 2003 年增长 5.90%；重型载货汽车约为 1059 万辆，比 2002 年增长 36.62%；摩托车约为 840 万辆，增幅最大，达到 56.51%。具体数据见附表 2-15。

美国 2003 年和 2013 年运力规模情况（单位：万辆）　　**附表 2-15**

运力规模 \ 年份	2003 年	2013 年	变化率
轻型车辆	22285.66	23601.02	5.90%
重型载货汽车	775.69	1059.74	36.62%
摩托车	537.00	840.47	56.51%
合计	23598.35	25501.23	8.06%

附录 3　图表目录

图　目　录

表 目 录

List of Figures

List of Tables